KB196185

Shakespeare, Memory of Sentences

셰익스피어, 인간심리 속 문장의 기억

윌리엄 셰익스피어 William Shakespeare

1564년 4월 26일~1616년 4월 23일

잉글랜드에서 태어나, 1590년대에 《헨리 6세》와 같은 역사극을 시리즈로 발표하는 등 본격적으로 작품 활동을 시작하여 명성을 얻었고, 생전에 "영국 최고의 극작가" 지위에 올랐다. 《로미오와 줄리엣》, 《햄릿》처럼 인간 본성을 통찰한 여러 걸작을 남겼으며, 그 희곡은 인류사의 최고의 고전으로 남아 수백 년이 지난 지금도 널리 읽히고 있다. 그는 정규 대학 교육을 받지 못하였음에도 인간에 대한 깊은 사유 의식과 뛰어난 필력을 갖추어 현재까지도 최고의 희곡 작가로 추앙받고 있다.

엮음/편역: 박예진

북 큐레이터, 고전문학 번역가

고전문학의 아름다운 파동을 느끼게 만드는 고전문학 번역가이자 작가이다. 또한, 문학의 원문을 직접 읽으며 꽃을 따오듯 아름다운 문장들을 수집하는 북 큐레이터이기도 하다. 문체의 미학과 표현의 풍부함이 담긴 수많은 원문 문장들을 인문학적 해석과 함께 소개해 독자들이 영감을 받는 것에 만족을 느낀다.

문학작품을 통한 인문학적 통찰과 자아 알아차림(self_awareness)을 위한 "문장의 기억 시리즈"를 집필 중에 있다.

series 1: 버지니아 울프, 문장의 기억

series 2: 안데르센, 잔혹동화 속 문장의 기억

series 3: 셰익스피어, 인간심리 속 문장의 기억

Shakespeare, Memory of Sentences

셰익스피어, 인간심리 속 문장의 기억

세상은 하나의 무대, 그 위의 남녀는 모두 배우일 뿐

Memory of Sentences Series 3

한 권으로 보는 셰익스피어 심리학

셰익스피어 초상화

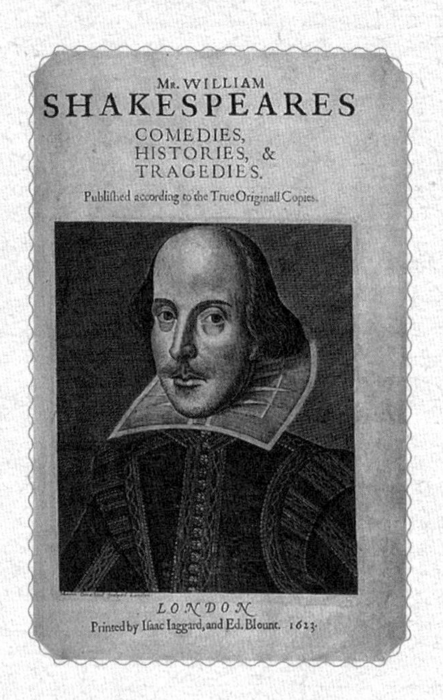
Mr. WILLIAM
SHAKESPEARES
COMEDIES,
HISTORIES, &
TRAGEDIES.
Publiſhed according to the True Originall Copies.

LONDON
Printed by Iſaac Iaggard, and Ed. Blount. 1623.

희곡 목차

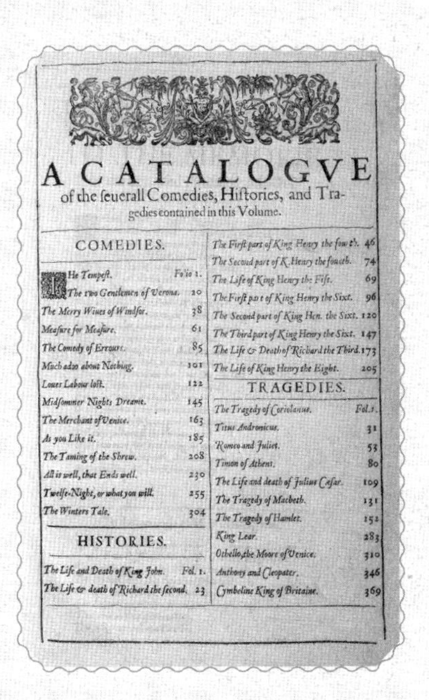

A CATALOGVE

of the ſeuerall Comedies, Hiſtories, and Tragedies contained in this Volume.

COMEDIES.

HISTORIES.

TRAGEDIES.

맥베스

MACBETH,
A
TRAGÆDY.
With all the
ALTERATIONS,
AMENDMENTS,
ADDITIONS,
AND
NEW SONGS.

As it's now Acted at the Dukes Theatre.

LONDON,
Printed for *P. Chetwin*, and are to be Sold
by most Booksellers, 1674.

햄릿

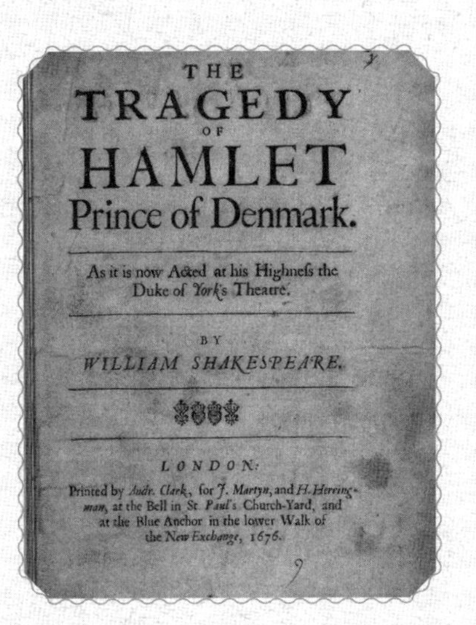

THE
TRAGEDY
OF
HAMLET
Prince of Denmark.

As it is now Acted at his Highness the
Duke of *York's* Theatre.

BY
WILLIAM SHAKESPEARE.

LONDON:
Printed by *Andr. Clark*, for *J. Martyn*, and *H. Herring-man*, at the Bell in St. *Paul's* Church-Yard, and
at the Blue Anchor in the lower Walk of
the *New Exchange*, 1676.

템페스트

THE TEMPEST.

Actus primus, Scena prima.

A tempestuous noise of Thunder and Lightning heard: Enter a Ship-master, and a Boteswaine.

Master.

Bote-swaine.

Botes. Heere Master: What cheere?

Mast. Good: Speake to th'Mariners: fall too't, yarely, or we run our selues a ground, bestirre, bestirre. *Exit.*

Enter Mariners.

Botes. Heigh my hearts, cheerely, cheerely my harts: yare, yare: Take in the toppe-sale: Tend to th'Masters whistle: Blow till thou burst thy winde, if roome enough.

Enter Alonso, Sebastian, Anthonio, Ferdinando, Gonzalo, and others.

Alon. Good Boteswaine haue care: where's the Master? Play the men.

Botes. I pray now keepe below.

Anth. Where is the Master, Boson?

Botes. Do you not heare him? you marre our labour, Keepe your Cabines: you do assist the storme.

Gonz. Nay, good be patient.

Botes. When the Sea is: hence, what cares these roarers for the name of King? to Cabine; silence: trouble vs not.

Gon. Good, yet remember whom thou hast aboord.

Botes. None that I more loue then my selfe. You are a Counsellor, if you can command these Elements to silence, and worke the peace of the present, wee will not hand a rope more, vse your authoritie: If you cannot, giue thankes you haue liu'd so long, and make your selfe readie in your Cabine for the mischance of the houre, if it so hap. Cheerely good hearts: out of our way I say. *Exit.*

Gon. I haue great comfort from this fellow: methinks he hath no drowning marke vpon him, his complexion is perfect Gallowes: stand fast good Fate to his hanging, make the rope of his destiny our cable, for our owne doth little aduantage: If he be not borne to bee hang'd, our case is miserable. *Exit.*

Enter Boteswaine.

Botes. Downe with the top-Mast: yare, lower, lower, bring her to Try with Maine-course. A plague——

A cry within. *Enter Sebastian, Anthonio & Gonzalo.*

vpon this howling: they are lowder then the weather, or our office: yet againe? What do you heere? Shal we giue ore and drowne, haue you a minde to sinke?

Sebas. A poxe o'your throat, you bawling, blasphemous incharitable Dog.

Botes. Worke you then.

Anth. Hang cur, hang, you whoreson insolent Noysemaker, we are lesse afraid to be drownde, then thou art.

Gonz. I'le warrant him for drowning, though the Ship were no stronger then a Nutt-shell, and as leaky as an vnstanched wench.

Botes. Lay her a hold, a hold, set her two courses off to Sea againe, lay her off.

Enter Mariners wet.

Mari. All lost, to prayers, to prayers, all lost.

Botes. What must our mouths be cold?

Gonz. The King, and Prince, at prayers, let's assist them, for our case is as theirs.

Sebas. I'am out of patience.

An. We are meerly cheated of our liues by drunkards, This wide-chopt-rascall, would thou mightst lye drowning the washing of ten Tides.

Gonz. Hee'l be hang'd yet,
Though euery drop of water sweare against it,
And gape at widst to glut him. *A confused noyse within.*
Mercy on vs.
We split, we split, Farewell my wife, and children,
Farewell brother: we split, we split, we split.

Anth. Let's all sinke with' King

Seb. Let's take leaue of him. *Exit.*

Gonz. Now would I giue a thousand furlongs of Sea, for an Acre of barren ground: Long heath, Browne firrs, any thing; the wills aboue be done, but I would faine dye a dry death. *Exit.*

Scena Secunda.

Enter Prospero and Miranda.

Mira. If by your Art (my deerest father) you haue
Put the wild waters in this Rore; alay them:
The skye it seemes would powre down stinking pitch,
But that the Sea, mounting to th' welkins cheeke,
Dashes the fire out. Oh! I haue suffered
With those that I saw suffer: A braue vessell

A

십이야

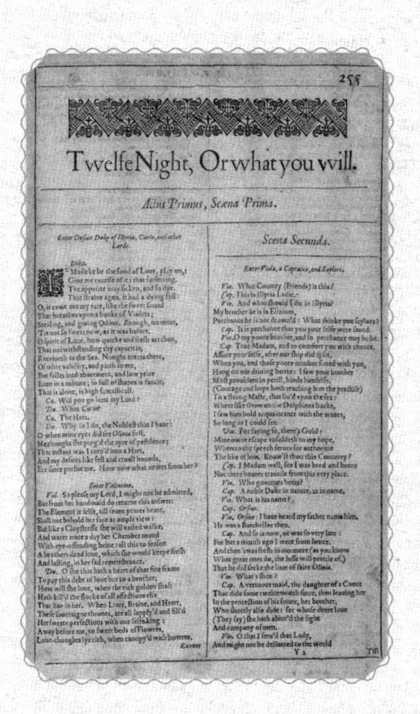

255

TwelfeNight, Orwhat you will.

Actus Primus, Scæna Prima.

Enter Orsino Duke of Illyria, Curio, and other Lords.

Duke.
If Muſicke be the food of Loue, play on,
Giue me exceſſe of it: that ſurfetting,
The appetite may ſicken, and ſo dye.
That ſtraine agen, it had a dying fall:
O, it came ore my eare, like the ſweet ſound
That breathes vpon a banke of Violets;
Stealing, and giuing Odour. Enough, no more,
'Tis not ſo ſweet now, as it was before.
O ſpirit of Loue, how quicke and freſh art thou,
That notwithſtanding thy capacitie,
Receiueth as the Sea. Nought enters there,
Of what validity, and pitch ſo ere,
But falles into abatement, and low price
Euen in a minute; ſo full of ſhapes is fancie,
That it alone, is high fantaſticall.
Cu. Will you go hunt my Lord?
Du. What *Curio*?
Cu. The Hart.
Du. Why ſo I do, the Nobleſt that I haue:
O when mine eyes did ſee *Oliuia* firſt,
Me thought ſhe purg'd the ayre of peſtilence;
That inſtant was I turn'd into a Hart,
And my deſires like fell and cruell hounds,
Ere ſince purſue me. How now what newes from her?

Enter Valentine.

Val. So pleaſe my Lord, I might not be admitted,
But from her handmaid do returne this anſwer:
The Element it ſelfe, till ſeuen yeares heate,
Shall not behold her face at ample view:
But like a Cloyſtreſſe ſhe will vailed walke,
And water once a day her Chamber round
With eye-offending brine: all this to ſeaſon
A brothers dead loue, which ſhe would keepe freſh
And laſting, in her ſad remembrance.
Du. O ſhe that hath a heart of that fine frame
To pay this debt of loue but to a brother,
How will ſhe loue, when the rich golden ſhaft
Hath kill'd the flocke of all affections elſe
That liue in her. When Liuer, Braine, and Heart,
Theſe ſoueraigne thrones, are all ſupply'd and fill'd
Her ſweete perfections with one ſelfe king:
Away before me, to ſweet beds of Flowres,
Loue-thoughts lye rich, when canopy'd with bowres.
Exeunt

Scena Secunda.

Enter Viola, a Captaine, and Saylors.

Vio. What Country (Friends) is this?
Cap. This is Illyria Ladie.
Vio. And what ſhould I do in Illyria?
My brother he is in Elizium,
Perchance he is not drown'd: What thinke you ſaylors?
Cap. It is perchance that you your ſelfe were ſaued.
Vio. O my poore brother, and ſo perchance may he be.
Cap. True Madam, and to comfort you with chance,
Aſſure your ſelfe, after our ſhip did ſplit,
When you, and thoſe poore number ſaued with you,
Hung on our driuing boate: I ſaw your brother
Moſt prouident in perill, binde himſelfe,
(Courage and hope both teaching him the practiſe)
To a ſtrong Maſte, that liu'd vpon the ſea:
Where like *Orion* on the Dolphines backe,
I ſaw him hold acquaintance with the waues,
So long as I could ſee.
Uio. For ſaying ſo, there's Gold:
Mine owne eſcape vnfoldeth to my hope,
Whereto thy ſpeech ſerues for authoritie
The like of him. Know'ſt thou this Countrey?
Cap. I Madam well, for I was bred and borne
Not three houres trauaile from this very place.
Vio. Who gouernes heere?
Cap. A noble Duke in nature, as in name.
Vio. What is his name?
Cap. *Orſino.*
Vio. *Orſino*: I haue heard my father nama him.
He was a Batchellor then.
Cap. And ſo is now, or was ſo very late:
For but a month ago I went from hence,
And then 'twas freſh in murmure (as you know
What great ones do, the leſſe will prattle of,)
That he did ſeeke the loue of faire *Oliuia.*
Vio. What's ſhee?
Cap. A vertuous maid, the daughter of a Count
That dide ſome tweluemonth ſince, then leauing her
In the protection of his ſonne, her brother,
Who ſhortly alſo dide: for whoſe deere loue
(They ſay) ſhe hath abiur'd the ſight
And company of men.
Vio. O that I ſeru'd that Lady,
And might not be deliuered to the world

Y 2 Till

율리우스 카이사르

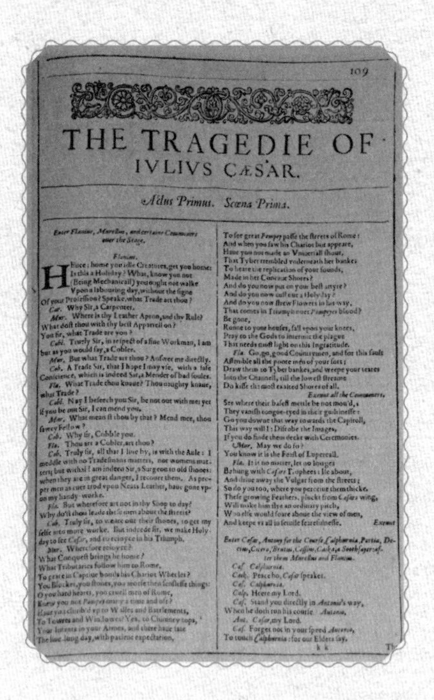

THE TRAGEDIE OF
IVLIVS CÆSAR.

Actus Primus. Scœna Prima.

Enter Flauius, Murellus, and certaine Commoners ouer the Stage.

Flauius.

Hence: home you idle Creatures, get you home:
Is this a Holiday? What, know you not
(Being Mechanicall) you ought not walke
Vpon a labouring day, without the signe
Of your Profession? Speake, what Trade art thou?

Car. Why Sir, a Carpenter.

Mur. Where is thy Leather Apron, and thy Rule?
What dost thou with thy best Apparrell on?
You sir, what Trade are you?

Cobl. Truely Sir, in respect of a fine Workman, I am but as you would say, a Cobler.

Mur. But what Trade art thou? Answer me directly.

Cob. A Trade Sir, that I hope I may vse, with a safe Conscience, which is indeed Sir, a Mender of bad soules.

Fla. What Trade thou knaue? Thou naughty knaue, what Trade?

Cobl. Nay I beseech you Sir, be not out with me: yet if you be out Sir, I can mend you.

Mur. What mean'st thou by that? Mend mee, thou sawcy Fellow?

Cob. Why sir, Cobble you.

Fla. Thou art a Cobler, art thou?

Cob. Truly sir, all that I liue by, is with the Aule: I meddle with no Tradesmans matters, nor womens matters; but withal I am indeed Sir, a Surgeon to old shooes: when they are in great danger, I recouer them. As proper men as euer trod vpon Neats Leather, haue gone vpon my handy-worke.

Fla. But wherefore art not in thy Shop to day?
Why do'st thou leade these men about the streets?

Cob. Truly sir, to weare out their shooes, to get my selfe into more worke. But indeede sir, we make Holyday to see *Cæsar*, and to reioyce in his Triumph.

Mur. Wherefore reioyce?
What Conquest brings he home?
What Tributaries follow him to Rome,
To grace in Captiue bonds his Chariot Wheeles?
You Blockes, you stones, you worse then senslesse things:
O you hard hearts, you cruell men of Rome,
Knew you not *Pompey* many a time and oft?
Haue you climb'd vp to Walles and Battlements,
To Towres and Windowes? Yea, to Chimney tops,
Your Infants in your Armes, and there haue sate
The liue-long day, with patient expectation,
To see great *Pompey* passe the streets of Rome:
And when you saw his Chariot but appeare,
Haue you not made an Vniuersall shout,
That Tyber trembled vnderneath her bankes
To heare the replication of your sounds,
Made in her Concaue Shores?
And do you now put on your best attyre?
And do you now cull out a Holyday?
And do you now strew Flowers in his way,
That comes in Triumph ouer *Pompeyes* blood?
Be gone,
Runne to your houses, fall vpon your knees,
Pray to the Gods to intermit the plague
That needs must light on this Ingratitude.

Fla. Go, go, good Countrymen, and for this fault
Assemble all the poore men of your sort;
Draw them to Tyber bankes, and weepe your teares
Into the Channell, till the lowest streame
Do kisse the most exalted Shores of all.

Exeunt all the Commoners.

See where their basest mettle be not mou'd,
They vanish tongue-tyed in their guiltinesse:
Go you downe that way towards the Capitoll,
This way will I: Disrobe the Images,
If you do finde them deckt with Ceremonies.

Mur. May we do so?
You know it is the Feast of Lupercall.

Fla. It is no matter, let no Images
Be hung with *Cæsars* Trophees: Ile about,
And driue away the Vulgar from the streets;
So do you too, where you perceiue them thicke.
These growing Feathers, pluckt from *Cæsars* wing,
Will make him flye an ordinary pitch,
Who else would soare aboue the view of men,
And keepe vs all in seruile fearefulnesse. *Exeunt*

Enter Cæsar, Antony for the Course, Calphurnia, Portia, Decius, Cicero, Brutus, Cassius, Caska, a Soothsayer: after them Murellus and Flauius.

Cæs. *Calphurnia.*

Cask. Peace ho, *Cæsar* speakes.

Cæs. *Calphurnia.*

Calp. Heere my Lord.

Cæs. Stand you directly in *Antonio's* way,
When he doth run his course. *Antonio.*

Ant. *Cæsar*, my Lord.

Cæs. Forget not in your speed *Antonio*,
To touch *Calphurnia*: for our Elders say,

The

소네트

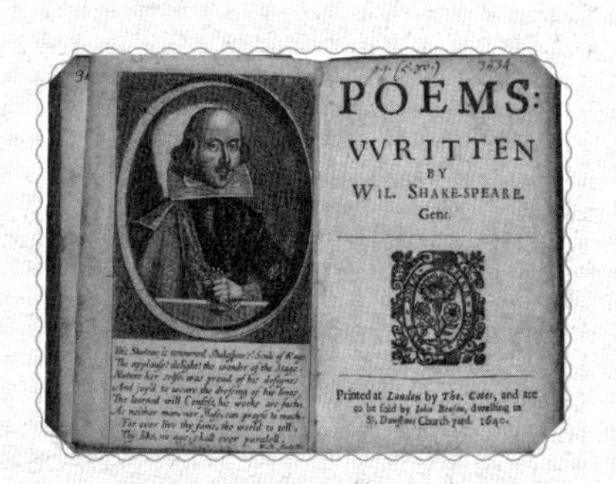

POEMS:
VVRITTEN
BY
WIL. SHAKE-SPEARE.
Gent.

Printed at *London* by *Tho. Cotes*, and are to be sold by *Iohn Benson*, dwelling in S^t. *Dunstans* Church-yard. 1640.

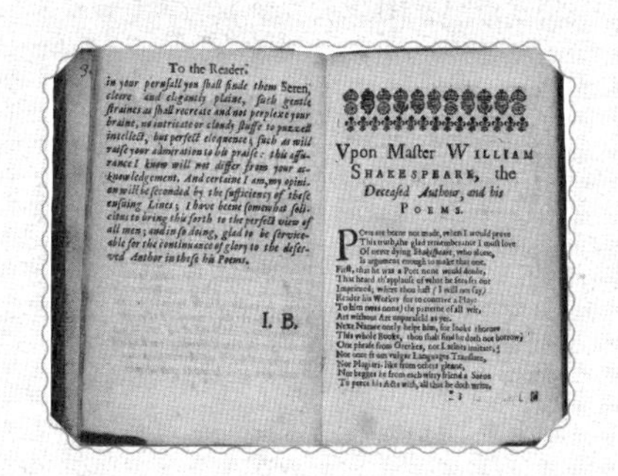

To the Reader.

in your perusall you shall finde them Seren, cleere and elegantly plaine, such gentle straines as shall recreate and not perplexe your braine, no intricate or cloudy stuffe to puzzell intellect, but perfect eloquence; such as will raise your admiration to his praise: this assurance I know will not differ from your acknowledgement. And certaine I am, my opinion will be seconded by the sufficiency of these ensuing Lines; I have beene somewhat solicitus to bring this forth to the perfect view of all men; and in so doing, glad to be serviceable for the continuance of glory to the deserved Author in these his Poems.

I. B.

Vpon Master WILLIAM SHAKESPEARE, the *Deceased Authour, and his* POEMS.

셰익스피어가 만들어낸: brave new world

"brave new world"는 1932년 출간된 올더스 헉슬리의 소설 《brave new world(멋진 신세계)》의 제목으로 알려진 말입니다. 하지만, 이 말을 처음 사용한 작가는 헉슬리가 아니라 윌리엄 셰익스피어입니다. 셰익스피어의 《템페스트》에 "인간이란 얼마나 아름다운 존재인가! 오오, 멋진 신세계여!"라는 문장이 등장하는데, 헉슬리가 이를 자신의 소설 제목으로 삼은 것입니다. 오늘날 대표적인 극작가이자 시인으로 꼽히는 셰익스피어는 많은 신조어를 만들어냈습니다. 그의 희곡에 사용된 2만 단어 중 2천 가지가 새로운 단어였으며, 이 신조어들은 '셰익스피어의 신조어'로 명명되었습니다.

저명한 작가가 된 그는 훌륭한 희극과 비극, 그리고 소네트를 집필하여 후대의 많은 작가와 배우에게 영감을 주었습니다. 저 역시 셰익스피어의 작품을 읽고 감탄하면서 한동안 그의 문장을 모아 일기 대신 적기도 했습니다. 그 일기는 어느덧 책 한 권이 되었습니다. 일기를 다시 읽어보던 중, 문득 셰익스피어의 문장을 더 많은 사람에게 알리고 싶다는 생각이 들었습니다. "가장 유명한 고전은 모두가 알고 있어 아무도 읽지 않는다."라는 말이 떠올랐기 때문입니다. 그래서 옮겨두었던 셰익스피어의 문장들을 하나의 원고로 정리해서 집필 중이었던 "문장의 기억" 시리즈의 세 번째 작품으로 출간하기로 결심했습니다.

셰익스피어는 부유한 상인 아버지 존과 어머니 메리 사이에서 8남매 중 셋째이자 장남으로 태어났습니다. 그는 학교 공부보다는 산과 들을 뛰어다니며 생각에 잠기거나 시를 짓는 것을 좋아했습니다. 그런 성향 탓에 학교에 자주 결석했고, 학교에 다니지 않겠다는 뜻을 밝히기도 했습니다.

열네 살이 된 셰익스피어는 기울어진 집안 형편 때문에 학교를 그만두고 집안일을 돕기 시작합니다. 시간이 흘러 그는 결혼했고, 가슴 속에 품고 있던 '배우'라는 꿈을 위해 고향을 떠나 런던으로 향했습니다. 런던에서 셰익스피어는 극장의 마구간

지기로 생활했는데, 어느 날 병이 난 마부 역할의 배우를 대신해 무대에 서게 되었습니다. 그는 배우의 꿈을 이루었으나 그날의 공연은 별다른 성공을 거두지는 못했습니다. 이후 셰익스피어는 연극을 공부하며 틈틈이 희곡을 썼습니다. 이때부터 극작가로서 셰익스피어의 인생 제2막이 펼쳐집니다.

신인 극작가로 활동하게 된 셰익스피어는 여러 편의 희곡을 썼습니다. 그중 가장 인기를 끈 작품은 바로 《베니스의 상인》입니다. 이 작품을 계기로 셰익스피어는 당시 유명한 극단의 간부 단원이 되었습니다. 또한, 극단을 위해 작품을 쓰는 전속 작가로 활동했으며 가끔 단역을 맡아 배우로서 활약하기도 했습니다.

셰익스피어는 4대 비극인 《햄릿》, 《리어 왕》, 《맥베스》, 《오셀로》, 그리고 가장 널리 알려진 로맨스 《로미오와 줄리엣》 등 37편의 희곡을 집필하였고, 여러 권의 시집을 남겼습니다. 희극과 비극, 사극 등 다양한 분야에서 뛰어난 재능을 발휘하여 많은 관객의 마음을 사로잡은 셰익스피어였습니다. 《템페스트》에 나오는 "인간이란 얼마나 아름다운 존재인가! 오오, 멋진 신세계여!"라는 대사처럼 그곳이 저의 멋진 신세계가 될 것이라고 믿습니다.

이 글을 읽는 여러분의 멋진 신세계란 어떤 곳인가요? 그곳이 어떤 모습이든 셰익스피어와 같이 자신만의 길을 개척하며 도달한 곳이기를 소망하며 이 책을 집필했습니다. 한 권의 책으로 셰익스피어의 작품과 아름다운 문장들을 만나보세요. 이 책을 통해 독자 여러분이 셰익스피어의 작품을 단순히 읽는 것을 넘어 마음 깊이 소유하게 되기를 바랍니다.

박예진

차례

Part.3 각자의 정의에 대한 딜레마

Part.4 인간의 욕망과 권력에 대하여

Part. 1

마법 같은 사랑과 운명 속으로

운명적 만남: 변장 속에서 피어나는 사랑

1-1

Twelfth Night_십이야

바이올라와 세바스찬은 쌍둥이 남매입니다. 그들은 항해 도중 폭풍에 휩쓸렸습니다. 헤어지게 된 둘은 서로가 죽었다고 생각했지만, 다행히 둘은 각각 육지로 떠밀려와 목숨을 건졌습니다. 일리리아 해안에서 깨어난 여동생 바이올라는 낯선 이국 땅에서 여자 혼자 살기 힘들 것으로 판단해 남장을 합니다. 그렇게 남자의 모습으로 변장한 그녀는 세자리오라는 이름으로 오르시노 공작의 몸종으로 살아갑니다.

몸종 생활을 시작한 지 얼마 지나지 않아, 바이올라는 오르시노 공작을 좋아하게 됩니다. 하지만 공작은 아름답기로 소문난 올리비아에게 구혼하고 있었습니다. 바이올라는 공작의 몸종이었기 때문에 그를 좋아하면서도 올리비아에게 공작의 구혼을 알려야 했습니다.

하지만 올리비아는 아버지가 죽고 자신의 후견인이었던 오빠마저 죽은 뒤, 상실감에 휩싸여 있었습니다. 남자들의 구혼은 물론 누군가를 만나는 것조차 거부했습니다.

sentence 001

Come away, come away, death, and in sad cypress let me be laid. Fly away, fly away, breath.
오라, 오라, 죽음이여. 그리고 슬픈 편백 나무 속에 나를 눕혀라. 날아가라, 날아가라, 숨을 쉬어라.

sentence 002

A thousand thousand sighs to save, lay me, O, where sad true lover never find my grave, to weep there!

나를 구하려는 수천 수만의 한숨이 들리네. 오, 나를 눕혀라. 슬픈 진정한 연인이 결코 내 무덤을 찾지 못하게 하라. 그곳에서 울지 않게!

sentence 003

The more fool, Madonna, to mourn for your brother's soul, being in heaven.

당신의 오라버니는 천국에 있습니다. 그의 영혼을 위해 슬퍼하다니 더 어리석군요, 마돈나.

sentence 004

Well, God give them wisdom that have it. And those that are fools, let them use their talents.

신이시여. 지혜 있는 자에게는 지혜를 더하시고, 어리석은 자에게는 그들의 재주를 발휘하게 해주십시오.

sentence 005

Conceal me what I am, and be my aid for such disguise as haply shall become the form of my intent.

내가 누구인지 감추고, 내 의도에 맞게 변장할 수 있도록 도와주세요.

그때, 바이올라가 오르시노 공작의 구혼을 알리기 위해 도착합니다. 바이올라를 본 올리비아는 예상치도 못한 사랑을 느낍니다. 같은 시각, 올리비아 저택의 집사인 말볼리오에게 구박당하던 토비와 앤드류는 백작 가의 하녀인 마리아의 도움을 받아 말볼리오를 골탕 먹이려 합니다. 올리비아의 가짜 구혼 편지를 이용할 계획을 세운 그들에게 말볼리오는 속고 맙니다. 결국 그는 마귀가 씌었다는 누명을 쓰고 벽장 속에 갇힙니다.

한편, 안토니오의 도움을 받아 살아남은 세바스찬은 일리리아의 다른 곳에 머물고 있었습니다. 세바스찬은 오르시노 공작에게 찾아가는데, 그를 따라가던 안토니오는 과거 일리리아의 적으로 참전했어서 오르시노 공작의 병사들에게 체포됩니다. 안토니오는 우연히 그 자리에 있던 세자리오로 변장한 바이올라를 보고 세바스찬이라고 생각합니다. 그래서 자신을 도와달라고 요청하지만, 안토니오를 알지 못하는 바이올라는 그를 외면합니다. 그렇게 안토니오는 끌려갑니다.

sentence 006

Be not afraid of greatness. Some are born great, some achieve greatness, and others have greatness thrust upon 'em.

위대함을 두려워하지 마시오. 어떤 이는 태어날 때부터 위대하고, 어떤 이는 스스로 위대해지며, 또 다른 이는 위대함을 강요당하오.

sentence 007

Thy Fates open their hands. Let thy blood and spirit embrace them.

당신의 운명이 다가오고 있소. 그것을 몸과 마음으로 받아들이시오.

sentence 008

If music be the food of love, play on. Give me excess of it that, surfeiting, the appetite may sicken, and so die.

음악이 사랑의 양식이라면, 계속 연주하라. 나에게 그것을 지나치게 들려주어, 질릴 만큼 채워지면 그 욕망이 병들어 사라지게 하라.

sentence 009

Better a witty fool, than a foolish wit.

어리석은 현자보다 재치 있는 바보가 낫다네.

sentence 010

Journeys end in lovers meeting, every wise man's son doth know.

여행은 연인의 만남으로 끝난다는 사실을 모든 현자의 자식이

아는 바이다.

동생이 남장한 사실을 모르는 세바스찬은 그를 세자리오로 착각한 올리비아에게 구혼을 받습니다. 세바스찬은 아름답고 부유한 올리비아에게 반해 흔쾌히 그녀와 결혼을 약속합니다. 서로에게 빠진 두 사람은 약속대로 결혼식을 올립니다.

두 사람이 결혼했다는 소식은 빠르게 퍼져 공작에게 닿았습니다. 신뢰하던 몸종 세자리오가 자신이 구혼하던 올리비아와 결혼했다는 소식에 공작은 큰 배신감을 느껴 분노합니다.

공작의 분노로 바이올라는 궁정에 잡혀 옵니다. 바이올라는 쌍둥이 오빠인 세바스찬으로 인해 억울한 누명을 쓰게 되었습니다. 그러나 해명할 방법이 없었습니다. 그때, 세바스찬이 궁정에 나타나며 모든 오해가 풀리고 상황이 정리됩니다. 그렇게 세바스찬과 올리비아가 맺어지고, 바이올라 또한 진심으로 공작에게 헌신했던 마음을 인정받아 공작과 결혼하며 극은 해피엔딩으로 마무리됩니다.

sentence 011

She pined in thought, and with a green and yellow melancholy she sat like patience on a monument, smiling at grief.

사랑에 빠진 젊은 여인은 항상 슬픔을 지닌 채 미소 짓는 인내의 조각상처럼 보이는 법이에요.

sentence 012

Love sought is good, but giv'n unsought is better.

내가 원하는 사랑도 좋지만, 갈구하지 않아도 주어지는 사랑은 더 좋아요.

sentence 013

I say, there is no darkness but ignorance, in which thou art more puzzled than the Egyptians in their fog.

내가 말하건대, 무지 외에는 어둠이 없네. 너는 이 무지 속에서 이집트인이 안개 속에서 헤매는 것보다 더 혼란스러워하고 있네.

sentence 014

How does he love me?

With adoration, with fertile tears, with groans that thunder love, with sighs of fire.

그가 나를 어떻게 사랑하나요?

흠모하고, 넘치게 눈물을 흘리며, 사랑을 천둥처럼 외치는 신

음과 불타는 한숨으로 사랑합니다.

sentence 015

She never told her love, but let concealment, like a worm 'i th' bud, feed on her damask cheek.

그녀는 결코 사랑을 말하지 않았지만, 은둔하는 삶은 꽃봉오리 속 벌레처럼 그녀의 장밋빛 뺨을 갉아먹어 갔지.

sentence 016

We men may say more, swear more, but indeed our shows are more than will, for still we prove much in our vows, but little in our love.

우리 남자들은 더 많이 말하고, 더 많이 맹세할 수 있지만, 실제로 우리가 보여주는 것은 의지 그 이상입니다. 우리는 여전히 서약으로 많은 것을 증명하지만, 사랑은 거의 증명하지 않기 때문입니다.

sentence 017

Virtue is beauty, but the beauteous evil are empty trunks o'er-flourished by the devil.

미덕이 곧 아름다움이지만, 아름답기만 한 악은 악마가 뒤집어쓴 텅 빈 껍데기에 불과하네.

sentence 018

That strain again, it had a dying fall. O, it came o'er my ear like the sweet sound, that breathes upon a bank of violets.

그 멜로디 다시 한번! 그건 죽어가는 듯한 음조였소. 오, 그것이 제 귀에 다가올 때, 마치 은은한 향기를 풍기는 제비꽃 밭 위를 스치는 듯한 달콤한 소리처럼 들렸소.

sentence 019

Them that dally nicely with words may quickly make them wanton.

말을 가지고 지나치게 장난치는 자들은 금세 그것을 경솔하게 만들 수 있습니다.

《십이야》는 셰익스피어의 5대 희극 중 하나로 17세기에 쓰였다고는 믿을 수 없을 만큼 현대적이라는 평가를 받습니다. 그의 대표작인 《햄릿》이나 《로미오와 줄리엣》만큼 유명하지는 않지만, 작품 전반에서 느껴지는 유쾌함은 명작으로 여겨지는

데 부족함이 없습니다. 특히 휘몰아치는 혼란은 극이 절정에 도달했을 때 관객들을 극 속으로 깊이 끌어들입니다.

드라마틱한 전개는 뮤지컬 'All Shook Up!(올슉업)'과 영화 'She's the Man(쉬즈 더 맨)'의 원작이 되기도 했습니다. 통통 튀는 것은 전개만이 아니라 제목도 마찬가지입니다. 독특한 제목 때문에 작품을 꺼내 들었다가 내용과 제목 사이의 연관성을 궁금해하는 독자들도 있었습니다.

제목을 그대로 번역하면 열두 번째 밤이라는 뜻인데, 크리스마스부터 12일 동안 축제를 벌이는 영국의 풍습에서 따온 것입니다. 그중 열두 번째 밤은 크리스마스로부터 12일이 지난 1월 6일로, 구세주가 나타난 것을 축하하는 축제 기간의 마지막 날입니다. 유럽에서는 이날 하루를 아주 즐겁게 보내는데, 악의 없는 장난과 농담을 즐긴다고 합니다. 그래서인지 작품 속에서도 여러 농담이 돋보입니다.

당시 유럽에서는 "여성 위장극"과 성별을 바꾸는 테마가 인기를 끌고 있었습니다. 남성 배우가 여성 역할을 맡았기 때문에, 이중으로 성별이 바뀌는 상황이 종종 생겼습니다. 즉, 남자가 여자로, 여자가 다시 남자로 위장하는 복잡한 설정이 가능했다는 이야기지요. 이것은 관객이 성 역할에 대한 고정관념에 의문을 갖게 했습니다.《십이야》는 유쾌한 농담과 더불어 고정관념에 대한 관객의 의문을 고조시킨 작품 중 하나였습니다.

극의 중심인물인 바이올라는 배가 난파된 후 남장을 하고 세자리오로 살아가며 자신의 정체성에 혼란을 느낍니다. 그리고 자신이 모시는 오르시노 공작을 사랑하게 되며 혼란은 더욱 가중됩니다. 그러나 바이올라는 그런 상황 속에서도 충성심을 지키며 자신의 목표를 위해 끈기 있게 노력합니다. 그리고 올리비아를 사랑하는 오르시노는 올리비아를 향한 이상화된 사랑을 품고 있습니다. 세바스찬은 바이올라처럼 난파 사고를 겪고도 살아남아 새로운 삶을 시작합니다.

흔들리지 않는 바이올라의 행동 덕분에 흔들리던 많은 인물이 변하기 시작합니다. 그녀가 살기 위한 방법으로 남장을 하면서 올리비아와 오르시노도 진정한 사랑을 찾게 되죠. 올리비아는 오빠의 죽음에 대한 트라우마에서 벗어나 세바스찬과 사랑하게 되고, 오르시노는 응답 없는 올리비아에 대한 사랑이 아닌 서로를 사랑할 수 있는 바이올라와 사랑하게 되는 것입니다.

이 작품을 통해 일방적인 사랑은 사랑을 주는 이에게도, 받는 이에게도 힘든 일임을 느끼게 됩니다. 그러나 고난 속에서도 자기가 가야 할 방향만을 바라보며 서 있는 바이올라가 있었기에 사랑이 각자의 자리를 찾을 수 있었다고 생각합니다. 서로가 주고받는 사랑으로 가는 여정이 이 작품의 매력입니다.

♛ 내 문장 속 셰익스피어

해당 문장은 이 작품의 주제입니다. 영어나 한국어 표현을 보고 자기만의 방식으로 의역하거나 그대로 필사해 보면서 셰익스피어의 명문장을 마음에 새겨 보세요.

sentence 020

My stars shine darkly over me. The malignancy of my fate might perhaps distemper yours.

나의 별들은 어둡게 빛나고 있소. 내 불운이 어쩌면 당신의 운명에도 해를 끼칠지 모르겠소.

사랑의 폭풍: 화해와 용서의 서사

1-2

The Tempest_템페스트

알론소 왕과 페르디난드 왕자, 그리고 그들의 동료가 탄 배가 심한 폭풍에 휩싸입니다. 배가 파도에 휘청거리자 선원들은 선박을 지키기 위해 고군분투합니다. 선장은 모든 승객에게 안전하게 방으로 들어가라고 외치지만, 승객은 공포에 질려 명령을 따르지 못합니다. 왕의 동생 안토니오와 궁정의 여러 인물이 서로 탓하면서 싸우는 모습을 본 선장은 "귀족이고 뭐고 소용없다."라며 모두를 살리기 위해 협력해야 한다고 경고합니다.

결국 배는 파도에 휩쓸려 가라앉습니다. 폭풍이 지나가자, 한 외딴섬이 보입니다. 그 섬에는 마법사 프로스페로와 그의 딸 미란다가 오래도록 살고 있었습니다.

그들이 이 섬에 머물게 된 건 알론소 왕 때문이었습니다. 프로스페로는 원래 밀라노의 공작이었지만, 형제인 안토니오의 배신으로 공작자리를 빼앗겼습니다. 이때 딸과 함께 바다에 던져지면서 이 섬까지 다다르게 되었습니다. 마법의 지식을 갖고 있었던 프로스페로는 폭풍을 일으켜 알론소 왕의 배를 좌초시켰습니다. 이 광경을 목격한 미란다는 아버지에게 그들을 해치지 말라고 간절히 호소합니다. 한편, 프로스페로와 미란다 외에도 섬에 살고 있는 사람이 있었습니다. 바로 캘리반이었습니다.

sentence 021

Hell is empty. And all the devils are here.

지옥은 텅 비었고 모든 악마가 여기 있다.

sentence 022

The cloud-capp'd towers, the gorgeous palaces, The solemn temples, the great globe itself, Ye, all which it inherit, shall dissolve, And, like this insubstantial pageant faded, Leave not a rack behind. We are such stuff As dreams are made on, and our little life Is rounded with a sleep.

구름에 뒤덮인 탑과 화려한 궁전, 장엄한 사원, 그리고 이 거대한 세상 그 자체, 그 안에 있는 모두 사라질 것이다. 그 모든 허무한 장관은 흔적도 남기지 않고 사라질 것이다. 우리는 꿈으로 이루어진 존재이며, 우리의 짧은 인생은 잠들며 끝이 난다.

sentence 023

Be not afeard. The isle is full of noises, sounds, and sweet airs that give delight and hurt not. Sometimes a thousand twangling instruments will hum about mine ears, and sometime voices that, if I then had waked after long sleep, will make me sleep again.

두려워하지 말라. 이 섬은 소리로 가득 차 있으며, 그 소리는 기쁨을 줄 뿐 해를 끼치진 않는다네. 때로는 수천 개의 악기 소리가 내 귀를 맴돌고, 때로는 목소리가 들리지. 내가 오랜 잠에서 깨어난 것 같다면 그 소리들이 다시 나를 잠들게 할 것이네.

sentence 024

How beauteous mankind is! O, brave new world, that has such people in 't!

사람이 얼마나 아름다운가! 오, 용감한 새로운 세상이여, 이런 사람들을 가진 세상이여!

sentence 025

A solemn air, and the best comforter to an unsettled fancy,

cure thy brains, now useless, boiled within thy skull. There stand, for you are spell-stopped.

장엄한 음악이여, 불안정한 마음에 최고의 위안이 되어라. 너의 머릿속에서 끓어오르고 이제 쓸모없어진 혼란스러운 생각을 치유하라! 거기 서라, 마법에 걸렸으니 멈춰있어라.

캘리반은 섬의 원래 주인이었던 마녀 시코락스의 아들로, 프로스페로와 우호적인 관계였으나 현재는 사이가 좋지 않았습니다. 캘리반은 자신이 섬의 정당한 주인이라고 생각했기에 프로스페로를 몰아낼 생각이었습니다. 하지만 프로스페로의 강력한 마법은 당해낼 수가 없었습니다. 이에 캘리반을 거칠고 야만적인 존재로 본 프로스페로는 그를 굴복시켜 하인으로 부립니다.

프로스페로가 섬에 도착한 귀족들을 어떻게 다룰지 계획을 세우는 동안, 캘리반은 하인 취급을 당하는 것에 더욱 깊은 분노를 품었습니다. 이러한 상황을 모르고 있던 프로스페로는 마법으로 생존자들을 각기 다른 장소에 흩어 놓았습니다.

생존한 알론소 왕은 아들이 죽은 줄 알고 슬픔에 잠깁니다. 이에 그의 동생 세바스찬과 안토니오는 왕을 죽이고 권력을 차지하려는 음모를 꾸밉니다. 동시에 미란다는 외진 곳을 혼자 헤매던 페르디난드를 발견합니다. 두 사람은 서로를 본 순간, 바로 사랑에 빠집니다. 하지만 프로스페로는 페르디난드가 자신의 딸을 진심으로 사랑하는지 시험하기 위해 일부러 시련을 줍니다.

이때를 틈타 캘리반은 왕의 시종 트린큘로와 스테파노를 만납니다. 그들과 손잡고 프로스페로를 몰아내려는 음모를 꾸미기 위함이었습니다. 캘리반은 그들에게 섬의 지배권을 넘길 것을 약속하고, 그의 말에 넘어간 트린큘로와 스테파노는 프로스페로의 은신처로 향합니다.

sentence 026

Misery acquaints a man with strange bedfellows. I will here shroud till the dregs of the storm be past.

불행은 사람을 기묘한 동반자와 친숙하게 만들죠. 난 여기서 폭풍의 끝자락이 지나갈 때까지 몸을 숨길 예정이에요.

sentence 027

I will be correspondent to command and do my spiriting gently.

주인님 명령에 따를 것이며, 임무를 무리 없이 수행하겠습니다.

sentence 028

Let us not burden our remembrances with a heaviness that's gone.

이미 지나간 슬픈 기억으로 우리의 마음을 짓누르지 맙시다.

sentence 029

Full fathom five thy father lies. Of his bones are coral made. Those are pearls that were his eyes.

당신의 아버지는 깊은 바다 아래에 누워 있네. 그의 뼈는 산호로 변했고, 그의 눈은 진주가 되었지.

sentence 030

This thing of darkness I acknowledge mine.

이 어둠의 존재가 나의 것임을 인정한다.

프로스페로는 당하고만 있지 않았습니다. 그는 자신의 종인 에어리얼에게 음모자들을 혼란스럽게 만들라고 명령합니다. 결국 세바스찬과 안토니오의 반역 시도와 캘리반의 복수는 실패합니다. 프로스페로 앞에 끌려온 그들은 죄를 인정합니다.

이 과정에서 프로스페로는 오래된 복수심을 내려놓기로 결심합니다.

프로스페로는 알론소와 그의 무리를 불러 폭풍이 발생한 내막을 알려줍니다. 알론소는 자신의 잘못을 뉘우치며 프로스페로에게 사과하고, 프로스페로는 그들을 용서합니다. 그리고는 밀라노로 돌아가면 공작자리에 재임하기로 약속합니다.

그 후, 프로스페로는 딸 미란다와 페르디난드의 결혼을 허락합니다. 알론소는 두 사람의 결혼을 축복합니다. 행복한 딸의 모습에 감동한 프로스페로는 오랜 세월 자신을 도운 에어리얼에게 자유를 줍니다. 에어리얼은 기쁘게 섬을 떠나고, 캘리반은 반역에 실패하여 섬에 남게 됩니다.

프로스페로는 섬을 떠나기 전 독백으로 마법을 포기하겠다고 선언합니다. 그는 자신의 지팡이를 부러뜨리고, 마법책을 물에 가라앉히며, 자신의 마법 도구들을 버립니다. 그렇게 프로스페로가 진정한 자유를 얻으며 이야기는 마무리됩니다.

sentence 031

The rarer action is in virtue than in vengeance.

덕을 베푸는 일은 복수가 행해지는 일보다 드물지.

sentence 032

A devil, a born devil, on whose nature nurture can never stick, on whom my pains, humanely taken, all, all lost, quite lost.

악마다, 태어나기를 악마였다. 그 본성에 교육은 결코 스미지 않지. 내가 들인 노력은 모두 헛수고였다. 모두 헛되고, 완전히 헛되었다.

sentence 033

You taught me language, and my profit on 't is I know how to curse. The red plague rid you for learning me your language!

당신이 나에게 언어를 가르쳤고, 그 결과 내가 얻은 것은 저주하는 방법이지. 당신이 나에게 언어를 가르쳤기 때문에 붉은 전염병이 당신을 쓸어 버리길!

sentence 034

Our revels now are ended. These our actors, as I foretold you, were all spirits and are melted into air, into thin air.

우리의 축제는 이제 끝났네. 이미 말했듯이, 이들은 모두 영혼들이었고, 공기 중으로, 가볍게 공기 속으로 녹아 사라졌네.

sentence 035

Where should this music be? I' th' air or th' earth? It sounds no more, and sure, it waits upon some god o' th' island.

이 음악은 어디서 오는 것일까? 공기 중에서인가, 땅에서인가? 이제 더 이상 들리지 않네. 분명히 섬의 어떤 신을 위한 음악일 거야.

sentence 036

I' th' commonwealth I would by contraries execute all things. For no kind of traffic would I admit. No name of magistrate. Letters should not be known. Riches, poverty and use of service—none. Contract, succession, bourn, bound of land, tilth, vineyard—none. No use of metal, corn, or wine, or oil. No occupation. All men idle, all.

내가 다스리는 나라에서는 모든 일을 반대로 처리할 것이다. 어떤 종류의 교역도 허용하지 않고, 재판관도 없을 것이다. 문자는 알 필요가 없을 것이며, 부나 가난, 봉사나 계약, 상속도 없을 것이다. 땅의 경계나 경작지도 없고, 금속이나 곡식, 와인이나 기름도 쓰이지 않을 것이다. 직업도 없으며, 모든 사람은 빈둥거리며 지낼 것이다.

sentence 037

O, I have suffered with those that I saw suffer! A brave vessel, who had, no doubt, some noble creature in her, Dash'd all to pieces. O, the cry did knock against my very heart! Poor souls, they perish'd.

오, 나는 고통받는 자들을 보며 함께 고통받았어요. 그 용감한 배에는 분명 귀한 사람들이 타고 있었을 텐데 모두 산산이 부서지다니! 오, 그들의 외침이 나의 가슴에 깊이 박혀있어요. 불쌍한 영혼들이여, 그들은 모두 죽었어요.

sentence 038

Now my charms are all o'erthrown, and what strength I have's mine own, Which is most faint.

이제 나의 마법은 모두 사라졌고, 내게 남은 힘은 오로지 나 자신의 것뿐인데, 그것마저도 매우 약한 상태구나.

sentence 039

Me, poor man, my library was dukedom large enough. Of temporal royalties he thinks me now incapable, confederates—So dry he was for sway—wi' th' King of Naples to give him annual tribute, do him homage, Subject his coronet to his crown and bend the dukedom yet unbow'd—alas, poor Milan!

불쌍한 나에게는 나의 도서관이 공작의 임무를 수행하는 데 문제가 없었지. 그러나 형은 세속적인 권력을 얻기에 내가 무능하다고 여겼어. 형은 권력에 너무 목말라 나폴리 왕과 결탁해 매년 조공을 바치고 경의를 표하며, 아직 굽히지 않은 공작령을 굴복시키고 자신의 왕관 아래에 꿇리려 했구나. 아, 불쌍한 밀라노여!

셰익스피어의《템페스트》는 복수와 화해를 다루는 셰익스피어의 마지막 희곡으로, 그의 작품 세계에서 중요한 위치를 차지합니다. 이 작품은 셰익스피어가 나이 들어가면서 얻은 성숙한 통찰을 기반으로 극작가로서의 역량을 드러낸 작품으로 평가받으며, 인간 본성에 대한 깊은 고찰을 엿볼 수 있습니다.

《템페스트》는 주인공 프로스페로가 마법을 통해 섬을 지배하며, 배신과 복수의 이야기를 중심으로 작품이 전개됩니다. 해당 작품에서 셰익스피어가 마법을 통해 자신의 극작가로서의 역할을 암시하고 있다는 해석이 많습니다. 프로스페로는 셰익스피어의 분신으로 읽히며, 그는 마지막 장면에서 자신의 마법 지팡이를 꺾고 마법서를 버리며 마법을 포기하는데, 이는 셰익스피어가 연극 무대에서 물러나고자 하는 심정을 상징적으로 표현한 것이라고 해석하기도 합니다.

《템페스트》에서 돋보이는 부분은 비극적인 감정보다는 마법과 환상적인 요소를 통해 이야기를 풀어나간다는 점입니다. 초반부의 폭풍은 혼란과 갈등의 상징이지만, 단순한 재앙이 아니라 프로스페로의 계획된 마법으로 생겼습니다. 의도된 장치로 인해 인물들은 서로 다른 장소로 흩어져 새로운 사건과 맞닥뜨리고, 내면의 변화를 겪습니다. 마법과 현실이 얽힌 이러한 설정은 작품 전체에 신비로움을 부여하며, 독자와 관객들에게 긴장감 넘치는 이야기를 전달합니다.

또한, 이 작품은 인간 본성의 복잡함과 모순을 세세하게 보여줍니다. 복수를 꿈꾸던 프로스페로는 결국 용서를 택하며, 그의 딸 미란다는 배신자들의 자손인 페르디난드와 사랑에 빠집니다. 섬의 원주민 캘리반은 섬이 자신의 땅이라고 여김에도 끝내 자유를 얻지 못하고, 에어리얼은 오랜 복종 끝에 자유를 획득합니다. 이처럼 인물들 간의 관계는 갈등을 빚으면서도 화해와 치유를 반복합니다.

이 작품을 보고 복수보다는 용서와 화해가 더 큰 힘을 발휘한다는 깨달음을 얻었다면, 일상에서 미움보다는 관용을 실천해 보는 것은 어떨까요? 서로의 복잡한 감정을 이해하고, 때로는 용서를 선택하는 편이 더 나은 결과를 가져올 수 있다는 점을 잊지 않도록요.

♛ 내 문장 속 셰익스피어

해당 문장은 이 작품의 주제입니다. 영어나 한국어 표현을 보고 자기만의 방식으로 의역하거나 그대로 필사해 보면서 셰익스피어의 명문장을 마음에 새겨 보세요.

sentence 040

Whereof what's past is prologue, what to come in yours and my discharge.

과거는 서막일 뿐이고, 앞으로 다가올 일은 당신과 저에게 달려있습니다.

불멸의 연인들: 금지된 사랑의 비극

1-3

Romeo and Juliet_로미오와 줄리엣

베로나의 광장. 캐풀렛 가문의 하인 삼손과 그레고리가 칼과 방패를 들고 나타납니다. 그들은 몬터규 가문의 개만 봐도 화가 난다며 대화를 나누다가, 몬터규 가문의 하인 아브람과 발사자가 나타나자 싸움을 겁니다. 그때, 몬터규의 조카 벤볼리오가 등장해 싸움을 멈추라며 칼을 뽑아 듭니다. 거기다 캐풀렛 부인의 조카 티볼트까지 등장해 이런 것들 사이에서 칼을 뽑은 것이냐며 하인들을 질책하고 벤볼리오와 싸웁니다.

거리가 시끄러워지자 에스칼루스 군주가 시종들과 함께 옵니다. 그는 한 번만 더 평화를 깨트리면 너희의 목숨으로 그 값을 치러야 할 것이라고 말합니다. 캐풀렛 가문의 하인들과 군주는 돌아가고, 벤볼리오는 몬터규에게 상황을 설명합니다.

몬터규 부인이 아들 로미오가 싸움에 끼지 않아 다행이라고 생각하고 있는 동안, 로미오는 슬픔에 빠져 괴로워하고 있었습니다. 몬터규는 아들이 슬퍼하는 이유를 알아봐 달라고 벤볼리오에게 부탁하고는 부인과 함께 떠납니다. 벤볼리오는 로미오가 로잘린이라는 여인의 마음을 얻지 못해 우울하다는 것을 알게 됩니다.

sentence 041

For never was a story of more woe than this of Juliet and her Romeo.

로미오와 줄리엣, 이 이야기보다 더 슬픈 사랑 이야기는 없구나.

sentence 042

My bounty is as boundless as the sea, my love as deep. The more I give to thee, The more I have, for both are infinite.

내 사랑은 바다보다 넓고, 그보다 더 깊어요. 내가 당신에게 줄수록 나는 당신에게 더 많은 것을 받기 때문에 우리 사랑은 무한하답니다.

sentence 043

Good night, good night! parting is such sweet sorrow that I

shall say good night till it be morrow.

안녕, 안녕! 이별은 이리도 달콤한 슬픔이라 내일 아침까지 인사를 나눌지도 모르겠네요.

sentence 044

Did my heart love till now? Forswear it, sight! For I ne'er saw true beauty till this night.

내 심장이 지금까지 누군가를 한 번이라도 사랑해 본 적이 있던가? 맹세하건대 없었다. 오늘 밤 전까지 나는 한 번도 저 여인 같은 진정한 아름다움을 본 적이 없으니.

sentence 045

O, swear not by the moon, th' inconstant moon, that monthly changes in her circle orb, lest that thy love prove likewise variable.

달에 맹세하지 마세요. 달은 계속 변하니까요. 그러면 당신의 사랑도 변할 거예요.

벤볼리오는 다른 여인을 찾으라고 충고하지만, 로미오는 그녀를 잊을 수 없다며 받아들이지 않습니다. 그러던 어느 날, 그들은 캐풀렛 가문에서 여는 축제에 로잘린이 참석한다는 사실을 듣습니다. 캐풀렛 가문과 적대 관계인 몬터규 가문의 사람들은 참석할 수 없는 축제였지만, 벤볼리오와 로미오는 로잘린을 보기 위해 참석하기로 합니다.

한편, 캐풀렛 부인은 곧 열네 살이 되는 줄리엣을 파리스 백작과 이어주기 위해 축제를 엽니다. 축제 장소인 베로나 캐풀렛의 저택 뜰에는 로미오와 그의 친구 머큐쇼 그리고 벤볼리오가 등장합니다. 로미오는 악몽을 꿨다며 자신의 사랑이 잔인하게 끝날까 봐 불안해합니다.

그때, 캐풀렛 부부와 줄리엣, 줄리엣의 사촌 티볼트, 유모와 하인들이 등장합니다. 로잘린을 보러 왔던 로미오는 그만 줄리엣을 보고 반해버립니다. 줄리엣도 마찬가지였습니다.

사랑에 빠진 로미오는 줄리엣에게 키스하며 달콤한 말을 속삭입니다. 그러나 유모가 줄리엣의 어머니가 이 집의 안주인이라고 일러주는 바람에 그녀가 캐풀렛 가문의 사람이라는 것을 알게 됩니다. 줄리엣도 그가 몬터규 가문의 사람이라는 것을 알고 놀랍니다.

줄리엣은 로미오에게 그대가 사랑하는 방식이 올바르고 자신과 결혼하고 싶다면 내일 아침 아홉 시에 자신이 보내는 사람에게 말을 전해 달라고 이릅니다.

sentence 046

Feather of lead, bright smoke, cold fire, sick health, Still-waking sleep, that is not what it is! This love feel I, that feel no love in this. Dost thou not laugh?

사랑은 무겁기도 하고 가볍기도 하며, 밝기도 하고 어둡기도 하며, 뜨겁기도 하고 차갑기도 하며, 병들게도 하고 건강하게도 하고, 잠들어 있기도 하고 깨어 있기도 합니다.

sentence 047

What's in a name? That which we call a rose by any other name would smell as sweet.

이름이 무슨 의미가 있겠어요? 우리가 장미라고 부르는 그 꽃은 어떤 이름으로 불려도 향기롭잖아요.

sentence 048

Thus with a kiss I die.

이렇게 한 입맞춤으로 나는 숨을 멎는다.

sentence 049

Love is a smoke raised with the fume of sighs.

사랑은 한숨으로 만들어진 연기라네.

sentence 050

But soft! What light through yonder window breaks? It is the east, and Juliet is the sun.

하지만 잠깐! 저 창문을 통해 무슨 빛이 비치는가? 동쪽이로구나, 그리고 줄리엣은 태양이구나.

로미오는 도움을 청하기 위해 로렌스 신부를 찾아갑니다. 그리고는 캐풀렛 가문의 딸과 오늘 혼인하고 싶으니 부부의 연을 맺어줄 것을 부탁합니다. 신부는 이들의 결합으로 두 가문의 원한이 풀리기를 바랍니다. 그렇게 두 사람은 집안 몰래 결혼식을 올립니다.

줄리엣은 어서 밤이 되어 로미오와 만나기를 간절히 기다립니다. 그런데, 유모가 등장하여 티볼트가 죽었다고 전합니다. 로미오가 자신의 사촌 티볼트를 죽였다는 것을 알게 된 줄리엣은 혼란스러워합니다. 줄리엣의 어머니는 딸이 사촌의 죽음 때문에 슬퍼한다고 생각해 로미오에게 독약을 먹여 죽일 것이니 슬퍼하지 말라고 다독여 줍니다.

줄리엣은 신부를 찾아가 슬픔을 털어놓습니다. 그러자 신부는 줄리엣에게 독약 한 병을 줍니다. 그것은 스물네 시간 동안 죽은 것 같은 모습으로 만들어 주는 약이었습니다. 신부는 줄리엣에게 파리스 백작과 결혼하는 것처럼 위장하고 다음 날 밤이 약을 마셔 죽은 척을 하라고 일렀습니다. 이 계획을 로미오에게 알려 두 사람이 재회할 기회를 만들 작정이었습니다.

약을 마신 줄리엣은 싸늘한 모습으로 발견되었고, 죽었다고 여겨진 잠든 줄리엣의 몸은 성당 묘지에 안치됩니다. 하지만, 살인사건으로 만투아로 추방당했던 로미오는 신부의 편지를 받지 못했습니다.

줄리엣이 죽은 것처럼 보이는 독약을 먹었다는 사실을 모른 채, 그녀가 죽었다는 소식만 들은 로미오는 자신도 따라 죽기로 결심합니다. 결국 로미오는 줄리엣의 묘지를 찾아가 독약을 마시고, 스물네 시간이 지나 깨어난 줄리엣은 죽어가는 로미오를 발견합니다. 로미오와 운명을 함께하기 위해 줄리엣은 자결합니다.

sentence 051

Two households, both alike in dignity in fair Verona, where we lay our scene from ancient grudge break to new mutiny, where civil blood makes civil hands unclean.

명성 높은 두 가문의 이야기가 시작되는 아름다운 베로나. 서로의 오랜 원한은 새로운 싸움으로 바뀌고, 시민들의 피로 그들의 손을 더럽혀 가네.

sentence 052

These violent delights have violent ends.

격렬한 기쁨은 격렬한 끝을 맞이합니다.

sentence 053

If love be rough with you, be rough with love.

사랑이 너에게 거칠게 대한다면, 너도 사랑에게 거칠게 대하라.

sentence 054

Oh, here will I set up my everlasting rest, and shake the yoke of inauspicious stars from this world-wearied flesh.

여기에서 나는 영원한 휴식을 취할 것이며, 삶에 지친 이 육신을 불행한 운명의 족쇄로부터 자유롭게 놓아 줄 것이다.

sentence 055

You are a lover. Borrow Cupid's wings and soar with them above a common bound.

너는 사랑에 빠진 사람이니, 큐피드의 날개를 빌려서 평범한 한계를 넘어 날아올라라.

sentence 056

If I profane with my unworthiest hand this holy shrine, the gentle fine is this: my lips, two blushing pilgrims, ready stand to smooth that rough touch with a tender kiss.

내가 가장 보잘것없는 손으로 이 신성한 성소를 더럽혔다면, 그 죄에 대한 부드러운 속죄는 이것이오. 수줍게 붉어진 내 입술, 두 순례자가 그 거친 손길을 부드러운 키스로 달래려 하네.

sentence 057

When I shall die, take him and cut him out in little stars, and he will make the face of heaven so fine that all the world will be in love with night and pay no worship to the garish sun.

내가 죽으면, 그도 데려가 작은 별들 속에 그를 새긴다면. 그는 하늘을 아주 아름답게 만들어서, 세상 모든 사람이 밤을 사랑하게 될 거예요…….

sentence 058

Arise, fair sun, and kill the envious moon. Who is already sick and pale with grief, that thou, her maid, art far more fair than she.

떠올라라, 아름다운 태양이여, 그리고 질투하는 달을 물리쳐라. 달은 이미 슬픔으로 아프고 창백하니, 달의 시녀인 그대*는 달보다 훨씬 더 아름답기 때문이다. (*달은 질투심의 상징으로, 줄리엣을 태양으로 비유하여 나타낸다.)

sentence 059

One fire burns out another's burning. One pain is lessen'd by another's anguish.

하나의 불이 다른 불을 꺼버리니, 하나의 고통이 다른 고통으로 줄어들게 할 거네.

《로미오와 줄리엣》은 로맨스를 논할 때 빼놓을 수 없는 고전 작품입니다. 이 작품은 당시 셰익스피어가 극작가로서 입지를 다지는 데 결정적인 역할을 했습니다. 출간 이후, 《햄릿》과 함께 연극 무대에 가장 많이 오른 작품이며, 비극적인 사랑을 아름다운 표현과 극적인 사건들로 구성하여 오늘날까지 큰 사랑을 받고 있습니다.

작품은 비극적인 끝을 맺지만 슬픔에만 치중하지 않는 점도 이 이야기를 특별하게 만듭니다.

잘 알려진 셰익스피어의 4대 비극과는 달리 낭만적인 비극이기 때문입니다. 셰익스피어는 '모순어법'이라는 세밀한 전개를 통해 주인공의 절절한 사랑을 독자들의 기억 속에 남깁니다. 모순어법이란 대립하는 사실을 모순되게 표현하여 상황이나 특성을 강조하는 언어 표현 기법입니다.

《로미오와 줄리엣》에는 여러 모순이 나타납니다. 로미오와 줄리엣의 가문, 삶과 죽음, 정신과 육체가 그러합니다. 셰익스피어가 이런 모순어법을 사용한 것은 삶이 모순으로 가득 차 있음을 말하고 싶었던 것이 아닐까요. 인간을 변하지 않는 존재로 본 것이 아니라 언제든 변할 수 있으며 심지어는 앞뒤가 맞지 않는 행동을 하는 존재로 본 것이지요.

서로 원수인 가문에서 태어나 서로 사랑에 빠지는 로미오와 줄리엣은 어렸기에 가능한 사랑이었을지도 모릅니다. 자기 가족에 반항하여 사랑을 택하는 것도 어쩌면 청소년기의 반항적 성향이 힘을 더했을 수도 있지요. 두 사람은 그들을 죽이려 드는 운명 앞에도 순응합니다. 그러나 그들의 죽음은 죽음을 넘어서는 사랑을 보여줍니다.

이렇게 두 연인의 사랑은 두 사람을 둘러싼 상황이 나쁠수록 더 강력해집니다. 슬픔 속에 피어나는 사랑의 기쁨에 몰입하며 관객은 그들의 슬픈 운명이 아니라, 어린 소년과 소녀의 순수하고 진실한 사랑에 주목할 수 있게 됩니다.

하지만 이를 비극적으로 해석해 보면 결국 둘의 사랑은 그들이 존재하는 현실에서는 이루어질 수 없었던, 죽어서야 이루어지는 사랑이었습니다. 어쩌면 죽어서도 이루어지지 않았을지도 모를 일입니다.

이는 그들의 사랑을 낭만주의적 관점에서도, 아리스토텔레스의 '비극의 철학' 관점으로도 바라보게 합니다. 현실에서 이루어질 수 없는 낭만적인 사랑을 꿈꾸는 두 사람이었고, 이를 위해 노력했지만 결국 운명은 그들을 가혹한 결말로 이끌었으니까요.

그래서 누군가는 사랑으로 인해 죽음을 택하는 깊은 사랑에 감동하기도 할 것이고, 다른 이는 현세에서는 이루어질 수 없는 환상적 사랑일 뿐이었다며 슬퍼하기도 할 것입니다. 셰익스피어는 이런 다양한 해석을 전하고자 한 게 아닐까요?

♛ 내 문장 속 셰익스피어

해당 문장은 이 작품의 주제입니다. 영어나 한국어 표현을 보고 자기만의 방식으로 의역하거나 그대로 필사해 보면서 셰익스피어의 명문장을 마음에 새겨 보세요.

sentence 060

With love's light wings did I o'erperch these walls, for stony limits cannot hold love out.

사랑의 가벼운 날개로 나는 이 벽을 넘었어. 돌담은 사랑을 막을 수 없거든.

마법에 걸린 사랑: 엇갈린 연인들의 꿈

1-4

A Midsummer Night's Dream_한여름 밤의 꿈

아테네의 테세우스 공작과 아마존의 히폴리테 여왕의 결혼식이 임박했습니다. 그 무렵, 헤르미아는 아버지 아이게우스로부터 명문가 자제 데메트리오스와 결혼하라는 강요를 받습니다. 그녀는 이미 뤼산드로스와 사랑하는 사이였기 때문에 아버지의 요구를 받아들일 수 없었습니다. 그러던 중, 우연히 데메트리오스가 헤르미아의 단짝 친구인 헬레나와 한때 사랑하는 사이였다는 것을 알게 됩니다. 헤르미아는 결혼을 거절하려고 데메트리오스가 자신과 결혼하기 위해 헬레나를 배신했다는 핑계를 댑니다.

헤르미아와 데메트리오스의 결혼은 결국 무산됩니다. 그러자 헤르미아의 아버지 아이게우스는 아버지의 뜻대로 결혼하지 않는 딸은 사형이라는 아테네의 법을 내세워 딸에게 결혼을

강요합니다. 죽고 싶지 않았던 헤르미아는 뤼산드로스와 아테네의 법이 미치지 않는 곳으로 도망가서 결혼하기로 약속합니다. 그리고 헬레나에게 자신이 도망치면 데메트리오스의 마음이 다시 그녀에게 돌아갈 것이라고 말합니다. 하지만 데메트리오스의 호감을 얻으려던 헬레나가 헤르미아가 도망치려 한다는 사실을 알리는 바람에 데메트리오스에게 뒤를 밟힙니다. 헬레나도 그의 뒤를 함께 따릅니다.

sentence 061

I love thee not, therefore pursue me not.

나는 너를 사랑하지 않아, 그러니 더 이상 나를 따라오지 마.

sentence 062

So we grew together, like to a double cherry—seeming parted but yet an union in partition—Two lovely berries moulded on one stem.

우리는 함께 자랐지. 마치 두 개의 체리처럼 떨어진 것처럼 보이지만, 여전히 나누어진 채 연결되어 있어. 한 줄기에 두 개의 사랑스러운 열매가 달린 것처럼.

sentence 063

And sleep, that sometime shuts up sorrow's eye, steal me awhile from mine own company.

슬픔의 눈을 감겨주는 잠이여, 나 자신의 동반자에게서 잠시 훔쳐 가 주세요.

sentence 064

It is not night when I do see your face. Therefore I think I am not in the night.

당신의 얼굴을 보면 밤이 아닌 것 같아요. 그래서 저는 지금 밤중에 있지 않다고 생각해요.

sentence 065

For you in my respect are all the world. Then how can it be said I am alone when all the world is here to look on me?

나에게 당신은 온 세상과 같아요. 그렇다면 온 세상이 나를 바라보는 것인데, 어떻게 나를 혼자라고 말할 수 있을까요?

그렇게 네 사람이 숲으로 향합니다. 그곳에는 요정이 많이 살고 있었습니다. 그들 중에서도 숲을 지배하는 요정이 있었는데, 바로 요정의 왕 오베론과 왕비 티타니아였습니다. 두 사람은 티타니아가 납치해 온 인도 소년들의 처우를 의논하다가 사이가 나빠져 별거 중이었습니다. 오베론은 티타니아의 약점을 잡아 그것을 빌미로 소년들을 빼앗을 생각이었습니다. 그래서 장난꾸러기 요정 퍽에게 사랑꽃의 즙을 티타니아의 눈에 바르게 합니다. 이 즙을 눈에 바르면 눈을 뜬 직후 처음 본 사람과 사랑에 빠지게 됩니다.

그러다 오베론은 우연히 헬레나와 데메트리오스의 말다툼을 보게 됩니다. 그는 헬레나의 짝사랑이 가여워, 퍽에게 데메트리오스에게도 사랑꽃의 즙을 발라 놓으라고 합니다. 데메트리오스의 얼굴을 모르는 퍽에게 오베론은 아테네 옷을 입은 남자라고 일러줍니다. 오베론의 명령대로 퍽은 티타니아의 눈에 사랑꽃의 즙을 바릅니다. 그리고, 데메트리오스를 찾아갑니다. 퍽은 아테네 옷을 입은 남자인 것만 확인하고 데메트리오스가 아닌 뤼산드로스의 눈에 약을 바릅니다. 같은 시각, 마을 사람들은 테세우스 공작의 결혼식을 축하하기 위해 소인극을 준비하고 있었습니다. 소인극 준비로 정신없는 와중에 길을 잃은 광대 보텀이 티타니아의 거처에 들어와 잠듭니다. 오베론은 잠든 보텀에게 당나귀 머리를 덧씌워 놓고, 아무것도 모르는 티타니아는 눈을 뜨자마자 보텀에게 반합니다.

sentence 066

The course of true love never did run smooth. But either it was different in blood.

O, cross! too high to be enthrall'd to low.

Or else misgraffed in respect of years.

진정한 사랑의 길은 결코 순탄하지 않다네. 때로는 신분 차이로 인해 갈라지고.

아, 비극이네요! 신분이 높은 자가 낮은 자에게 사로잡히다니.

또는 나이 차이로 어긋나기도 하지.

sentence 067

The eye of man hath not heard, the ear of man hath not seen, man's hand is not able to taste, his tongue to conceive, nor his heart to report, what my dream was.

눈은 듣지 못하고, 귀는 보지 못하며, 손은 맛을 볼 수 없고, 혀는 이해할 수 없으며, 그의 마음도 내 꿈이 무엇이었는지 전할 수 없네.

sentence 068

One sees more devils than vast hell can hold.

거대한 지옥이 보유한 것보다 더 많은 수의 악마를 봅니다.

sentence 069

My Oberon, what visions have I seen! Methought I was enamored of an ass.

나의 오베론이여, 내가 본 환상은 무엇인가요! 저는 제가 당나귀에게 반했다고 생각했어요.

sentence 070

These are the forgeries of jealousy. And never since the middle summer's spring met we on hill, in dale, forest, or mead, by paved fountain or by rushy brook.

이 모든 건 질투에서 비롯된 거짓말이에요. 여름이 한창일 때부터 우리는 언덕에서도, 골짜기에서도, 숲이나 초원, 포장된 분수나 갈대가 우거진 시냇가에서도 한 번도 만나지 않았잖아요.

한편, 데메트리오스에게 버림받고 숲을 헤매던 헬레나는 곤히 잠든 헤르미아와 뤼산드로스 일행을 발견합니다. 그들이 잠든 것이 아니라 죽은 것이 아닐까 걱정하던 그녀는 뤼산드로스를 먼저 깨웁니다. 그러자, 잠에서 깬 뤼산드로스는 사랑꽃 즙의 효과로 헬레나에게 반합니다.

그가 헬레나에게 구애하는 모습을 본 오베론은 일이 잘못된 것을 깨닫습니다. 오베론은 데메트리오스를 찾아 그의 눈에 직접 사랑꽃 즙을 발라놓습니다. 눈에 즙이 발린 데메트리오스는 뤼산드로스를 피해 달아나는 헬레나를 보고 반합니다.

헤르미아를 사랑하던 두 남자가 모두 헬레나에게 반하자, 헬레나는 헤르미아가 남자들을 이용해 자신을 놀린다며 화를 냅니다. 반면, 헤르미아는 헬레나가 연인을 빼앗아 갔다며 분노합니다. 두 남자는 사랑의 승자를 가릴 결투를 준비합니다.

그 사이, 오베론은 티타니아가 당나귀 머리를 쓴 보텀에게 반한 자리에 나타납니다. 그리곤 그 모습을 약점 삼아 티타니아에게서 인도 소년들을 빼앗습니다. 오베론은 다른 약으로 티타니아에게서 사랑꽃 즙의 효력을 없애고 안개를 일으켜 네 남녀를 숲에서 헤매게 했습니다. 네 사람은 숲을 헤매다 지쳐 잠들었습니다. 오베론은 잠든 뤼산드로스에게도 약을 발라 사랑꽃 즙의 효력을 사라지게 합니다.

결국 뤼산드로스와 헤르미아, 데메트리오스와 헬레나로 사랑의 짝이 맞춰지게 됩니다. 행복한 두 연인의 모습에 도망간 딸을 쫓아온 헤르미아의 아버지도 백기를 듭니다. 그렇게 연인들은 함께 결혼식을 올리고 마을 사람들은 우스꽝스러운 연극을 선보이며 즐거운 분위기를 만들어냅니다.

sentence 071

Helen, I love thee. By my life, I do. I swear by that which I will lose for thee, To prove him false that says I love thee not.

헬레나, 나는 그대를 사랑하오. 목숨을 걸고 그대를 사랑한다 맹세하겠소. 그대를 사랑하지 않는다고 말하는 이는 거짓말을 하는 것이오.

sentence 072

The course of true love never did run smooth.

진정한 사랑의 과정은 절대 순탄치 않습니다.

sentence 073

And yet, to say the truth, reason and love keep little company together nowadays.

사실을 말하자면, 이성과 사랑은 오늘날 거의 어울리지 않아요.

sentence 074

Lovers and madmen have such seething brains, such shaping fantasies, that apprehend more than cool reason ever comprehends.

사랑에 빠진 사람과 미친 사람은 들끓는 두뇌를 가지고 있어, 이성이 이해할 수 없는 것을 상상으로 형상화하지.

sentence 075

So good night unto you all. Give me your hands if we be friends, and Robin shall restore amends.

그럼, 모두 잘 자요. 만약 우리가 친구가 된다면 손을 내게 줘요. 그러면 로빈*이 모든 것을 바로잡을 거예요. (*퍽의 다른 이름이다.)

sentence 076

The poet's eye, in fine frenzy rolling, doth glance from heaven to Earth, from earth to heaven. And as imagination bodies forth.

시인의 눈은 광란 속에서 하늘에서 땅으로, 땅에서 하늘로 시선을 던지네. 상상력이 형체를 만들 듯이.

sentence 077

The forms of things unknown, the poet's pen turns them to shapes and gives to airy nothing.

시인의 펜은 그것들을 구체적인 형태로 바꾸어 공허한 것에 실제로 존재하는 공간과 이름을 부여하네.

sentence 078

Are you sure that we are awake? It seems to me that yet we sleep, we dream.

우리가 깨어 있는 것이 맞나요? 아직도 우리가 잠들어 꿈을 꾸는 것처럼 느껴져요.

sentence 079

I'll follow thee and make a heaven of hell, to die upon the hand I love so well.

나는 당신을 따라 지옥의 천국을 만들 거예요. 내가 사랑하는 당신의 손에 죽을 수 있도록.

《한여름 밤의 꿈》은 셰익스피어의 5대 희극 중 하나로 몽환적인 분위기와 낭만적인 요소로 꾸준히 대중의 사랑을 받아왔습니다. 특히 아테네의 귀족과 서민, 요정이라는 세 가지 세계가 숲이라는 환상적인 공간에 모여 함께 얽히는 모습이 재미를 느끼게 하는 큰 요소로 평가받습니다. 어긋난 사랑에 슬퍼하는 청춘들에게 요정이 마법을 걸며 벌어지는 유쾌한 소동은 운명을 딛고 진정한 사랑에 눈뜨는 주인공들을 부각하여 낙관적이고 희망적인 세계를 선사합니다.

이처럼 작품 속에 초현실적인 존재를 등장시키며 셰익스피어는 상상력이 대단한 작가로 명성을 크게 떨쳤습니다. 특히 이 작품 속에는 요정들이 사는 마법의 숲을 생생하게 묘사하여 그만의 뛰어난 상상력을 발휘하고 있습니다. 또, 고전 신화 등에서 발췌한 서로 다른 이야기들을 정교하게 엮어 사랑이라는 주제를 아름답게 그려냈습니다.

작품 속 배경 역시 환상과 현실, 요정과 인간, 숲과 아테네로 밤과 낮의 대비에 따라 이분되어 있습니다. 환상과 현실의 공간을 넘나들며 복잡하게 얽힌 전개를 풀어나가는 장면들은 꿈과 현실이 나누어져 있지만 동시에 떼어낼 수 없는 공존의 관계라는 사실을 알려줍니다.

요정의 왕인 오베론은 사랑에 빠진 네 남녀, 그리고 자기 부인까지 마법에 빠지게 하는 인물입니다. 자기 뜻대로 인물들의 감정과 행동을 움직이려 하지요. 이를 시점으로 감정이 바뀌는 인물들은 그들이 뜻하지 않은 대로 움직이게 됩니다. 결국 그들의 의식 밖에 있는, 오베론이라는 존재와 사랑꽃 즙이라는 약의 영향을 받은 겁니다. 이는 인간의 통제 밖에서 일어나는 일이 현실에 큰 영향을 미칠 수 있음을 시사하는 셰익스피어만의 방법이었을지도 모릅니다. 우리는 우리도 모르는 운명의 힘 속에서 살아가고 있으니까요.

사랑이 나의 마음대로 되었다면, 내가 사랑하는 이가 자연스레 나를 사랑한다면 누구도 사랑 이야기에 관심을 가지지 않을 것입니다. 하지만 사랑을 주제로 한 이 작품이 많은 사람에게 지금까지도 회자되는 것은 사랑이 마음처럼 되지 않는다는 것이겠죠. 보이지 않는 어떤 힘이 존재하는 것처럼 말입니다.

《한여름 밤의 꿈》은 어렵기만 한 사랑을 자신의 사랑을 찾는 주인공들의 숨바꼭질로 잘 표현하고 있습니다. 처음에는 삼각관계에서 시작해 요정의 마법으로 인해 얽혔다가 다시 다른 모양으로 변하죠. 세상의 많은 사랑이 바로 이러한 형태가 아닐까요.

우리의 인생에는 이러한 사랑을 비롯한 여러 사건이 일어납니다. 사랑꽃 즙을 쓰고 싶은 순간도 있을 것입니다. 하지만 결국 모든 것은 순리대로 돌아가며 사랑은 제자리를 찾지 않을까요.

♛ 내 문장 속 셰익스피어

해당 문장은 이 작품의 주제입니다. 영어나 한국어 표현을 보고 자기만의 방식으로 의역하거나 그대로 필사해 보면서 셰익스피어의 명문장을 마음에 새겨 보세요.

sentence 080

To fan the moonbeams from his sleeping eyes.

그의 잠든 눈에서 달빛을 부드럽게 날려 보냅니다.

Part. 2

로맨스 코미디의 서사

속임수와 사랑: 어리석음 속의 용서와 웃음

2-1

The Merry Wives of Windsor_윈저의 즐거운 아낙네들

늙은 기사 존 팔스타프 경은 전쟁이 끝나고 막 윈저로 돌아옵니다. 그는 뚱뚱하고 배가 나왔으며 변명하길 좋아하는 비겁한 자입니다. 게다가 여기저기 이야기 퍼트리기를 좋아하고 낭비벽도 있었습니다. 가진 돈이 다 떨어진 주정꾼 팔스타프는 부유한 유부녀를 유혹하여 물주로 삼기로 합니다.

팔스타프는 포드 부인과 페이지 부인에게 편지를 보냅니다. 그런데 편지가 배달 중에 바뀌면서 그녀들은 연애편지의 내용이 똑같다는 사실을 알았습니다. 팔스타프의 속셈을 안 두 부인은 그를 골탕 먹일 계획을 짭니다. 그런데 이 계획을 쫓겨난 하인 피스톨과 님이 알게 됩니다.

sentence 081

Better three hours too soon than a minute too late.

1분 늦는 것보다 3시간 일찍 도착하는 게 낫네.

sentence 082

Love like a shadow flies when substance love pursues.

물질적 사랑을 추구할 때, 사랑은 그림자처럼 날아간다네.

sentence 083

I think the devil will not have me damned, lest the oil that's in me should set hell on fire.

악마도 나를 지옥에 떨어뜨리려고 하지 않을 것이다. 내 안의 기름이 지옥에 불을 지를까 봐 두려우니까.

sentence 084

If money go before, all ways do lie open.

돈이 앞서가면, 모든 길이 열려있네.

sentence 085

Come, gentlemen, I hope we shall drink down all unkindness.

자, 신사 여러분, 모든 불쾌함을 술로 씻어내세요.

피스톨과 님은 그 사실을 즉시 남편들에게 이릅니다. 아내가 다른 남자에게 연애편지를 받았다는 사실을 안 남편들은 각기 다른 태도로 대응합니다. 페이지는 일단 아내를 믿기로 하지만 질투심 많은 포드는 아내를 믿지 못합니다. 그는 이 일을 따져 묻기 위해 당장 포드 부인에게 달려갑니다. 한편, 두 부인은 팔스타프를 만나면 남편이 들이닥쳤다는 핑계로 그를 숨길 커다란 광주리를 준비했습니다. 그를 광주리 안에 넣어 내다 버릴 생각이었습니다.

질투심에 달려온 포드가 들이닥치자 팔스타프는 얼른 광주리에 숨습니다. 그러자 하인들은 계획대로 광주리를 더러운 강물에 던집니다. 팔스타프가 광주리에 숨어 도망쳤다는 사실을 알게 된 포드는 포드 부인과 팔스타프의 두 번째 만남 현장을 덮쳐 광주리를 뒤집니다. 그러나 광주리에 팔스타프는 없었습니다. 그사이에 부인들이 그를 늙은 마녀로 변장시켜 빼돌렸기 때문입니다.

sentence 086

Master Brook, I will first make bold with your money.

마스터 브룩*, 먼저 당신의 돈을 대담하게 쓰겠습니다. (*포드가 변장한 인물이다.)

sentence 087

In emerald tufts, flowers purple, blue and white; let sapphire, pearl, and rich embroidery, buckled below fair knighthood's bending knee; fairies use flower for their charactery.

에메랄드 잎사귀 속에 자주색, 파란색, 흰색 꽃들, 사파이어, 진주, 그리고 풍성한 자수처럼, 아름다운 기사들의 무릎 아래에서 묶여 있는 것처럼 요정들은 꽃을 그들의 상징으로 사용하네.

sentence 088

He capers, he dances, he has eyes of youth, he writes verses, he speaks holiday, he smells April and May.

그는 폴짝폴짝 뛰고, 춤을 추고, 젊음의 눈을 가졌고, 시를 쓰고, 축제 같은 말을 하고, 4월과 5월의 향기를 풍깁니다.

sentence 089

He cares not what he puts into the press, when he would put us two.

우리에게 이런 편지를 쓸 정도라면 그는 무엇을 공개하든 신경 쓰지 않아요.

sentence 090

Here will be an old abusing of God's patience and the king's English.

이곳에 하나님의 인내심과 왕의 영어가 심하게 남용될 거예요.

그러다 두 부인은 결국 모든 사실을 남편들에게 고백합니다. 그동안 아내들이 팔스타프와 만나왔던 것이 그를 골탕 먹이기 위해서라는 사실을 안 남편들은 부인들과 힘을 합쳐 그를 혼내줄 계획을 세웁니다. 그리고 부인들이 윈저의 숲으로 팔스타프를 유인합니다. 아무것도 모르는 팔스타프는 두 부인을 만나기 위해 숲으로 갑니다.

사슴 가면을 쓰고 윈저의 숲에 나타난 팔스타프는 두 부인과 이야기를 나누기 시작합니다. 그때, 숲속에서 이상한 소리가 들립니다. 두 부인이 깜짝 놀라 도망가자, 요정의 여왕인 장난꾸러기 퍼크와 반인반수의 신 무리가 나타나 팔스타프를 마구 공격합니다. 한바탕 공격이 끝나자, 마침내 나타난 두 부인의 남편들이 팔스타프의 계략을 낱낱이 읊으며 비난합니다. 그러고 나서 모든 것을 용서합니다.

sentence 091

You do amaze her: hear the truth of it.

당신은 정말로 그녀를 놀라게 하는군요. 진실을 들어보세요.

sentence 092

The offence is holy that she hath committed; and this deceit loses the name of craft, of disobedience, or unduteous title.

그녀가 저지른 죄는 거룩한 것입니다. 그리고 이 속임수는 교활함이나 불복종 또는 불충이라는 이름으로 불려선 안 됩니다.

sentence 093

You would have married her most shamefully, where there was no proportion held in love.

당신은 그녀와 가장 수치스럽게 결혼했을 것입니다. 사랑이 없는 곳에서요.

sentence 094

We'll leave a proof, by that which we will do, wives may be merry, and yet honest too.

우리가 하려는 일로, 아내들도 즐겁게 지내면서 정직할 수 있다는 걸 보여줄 거예요.

sentence 095

I will never take you for my love again; but I will always count you my deer.

다시는 당신을 내 사랑으로 여기지 않을 것이지만, 당신을 항상 나의 사슴*으로 여길 거예요. (*사슴을 의미하는 'deer'는 'dear'의 언어유희이다. 여전한 애정과 관심의 표현이다.)

sentence 096

The truth is, she and I, long since contracted, are now so sure that nothing can dissolve us.

사실 그녀와 저는 오래전에 약혼했지만, 이제는 그 무엇도 우리를 갈라놓을 수 없다고 확신합니다.

sentence 097

To Master Brook you yet shall hold your word for he tonight shall lie with Mistress Ford.

마스터 브룩에게: 당신은 여전히 약속을 지켜야 합니다. 그가 오늘 밤 포드 부인과 함께 누워 있을 것이기 때문입니다.

sentence 098

Setting the attractions of my good parts aside I have no other charms.

내 좋은 점의 매력을 제쳐두면, 내게 다른 매력은 없습니다.

sentence 099

I do despise a liar as I do despise one that is false, or as I despise one that is not true.

저는 거짓말쟁이를 경멸하듯이, 거짓된 사람을 경멸하고, 진실하지 않은 사람을 경멸합니다.

《윈저의 즐거운 아낙네들》은 귀엽고 사랑스러운 소극으로 《헨리 4세》를 본 엘리자베스 여왕이 팔스타프라는 캐릭터에 빠져서 요청받아 만들어졌습니다. 엘리자베스 여왕뿐만 아니라 많은 사람이 팔스타프를 사랑했습니다.

그가 대단한 영웅적 인물이 아니었음에도 사랑받은 이유는 무엇일까요. 바로 그의 인간적인 면모 때문일 것입니다. 현실에서 꿈꿀 수 없는 영웅의 시원한 복수극 혹은 멋진 행동에 동경하기도 하지만 현실에서의 인간은 모두 불완전하기에 공감가는 캐릭터인 팔스타프에게 빠질 수밖에 없었을 것입니다.

팔스타프는 성숙하지 못하고 방탕한 생활을 계속하는 인물로, 이는 심리적 발달이 멈춘 상태를 나타냅니다. 그는 자신의 행동을 정당화하기 위해 끊임없이 변명하는데, 이는 프로이트의 자아 방어 기제 중 하나인 합리화와 관련이 있습니다.《헨리 4세》에서의 팔스타프와 할 왕자는 방탕한 생활 방식으로 인해 갈등을 빚으며, 할 왕자가 점점 더 성숙하면서 갈등은 심화합니다. 팔스타프는 자신의 행동을 합리화하며 책임을 회피하려 하며, 이는 그의 내적 갈등을 반영합니다.

이 작품에는 팔스타프 외에도《헨리 4세》에 등장했던 그의 부하 피스톨, 님 등의 인물들이나《한여름 밤의 꿈》에 등장했던 요정 여왕, 장난꾸러기 요괴 같은 인물이 많이 나옵니다. 이는 여왕의 요청에 따라 기존의 인물들을 오마주했기 때문입니다.

사랑에 빠진 팔스타프가 등장하는 연극을 하나 더 만들어 달라는 여왕의 말에 셰익스피어가 2주 만에 이 작품을 썼다는 말도 전해집니다. 빠르게 집필한 작품이기 때문인지 셰익스피어의 다른 극과는 달리 인상적인 대사나 문장이 많지 않고, 팔스타프의 농담이나 번역으로는 이해하기 힘든 유머가 많습니다.

그래도 이 작품이 특별한 것은 왕족이 아닌 서민의 삶을 그려낸 셰익스피어의 유일한 작품이기 때문입니다. 이 작품 속 인물은 대부분 지방의 중산층 시민입니다. 하지만 그 안에서도 상대적으로 계급이 높은 팔스타프와 하층 계급인 피스톨, 님이 대립하며 작품의 희극적 효과를 더욱 강조합니다.

다른 남자와 간통한 아내를 둔 남편 역시 엘리자베스 시대에 많이 등장하는 주제 중 하나로 당시의 유행을 반영하고 있습니다. 셰익스피어가 자신의 작품 속 인물들을 재창작하며 쓴 만큼, 친숙한 이름을 찾으며 《윈저의 즐거운 아낙네들》을 즐기는 또 다른 재미가 있습니다.

♛ 내 문장 속 셰익스피어

해당 문장은 이 작품의 주제입니다. 영어나 한국어 표현을 보고 자기만의 방식으로 의역하거나 그대로 필사해 보면서 셰익스피어의 명문장을 마음에 새겨 보세요.

sentence 100

Of what quality was your love, then?

Like a fair house built on another man's ground.

그렇다면, 당신의 사랑은 어떤 성격인가요?

다른 사람의 땅에 지어진 아름다운 집 같았지요.

사랑의 갈등: 우정과 사랑의 갈림길

2-2

The Two Gentlemen of Verona_베로나의 두 신사

베로나의 두 신사, 프로테우스와 발렌타인은 서로 우정이 깊었습니다. 그런데 두 사람은 작별을 고하게 됩니다. 발렌타인은 밀라노로 신사 수련을 떠나지만, 프로테우스는 줄리아와 사랑에 빠져 밀라노로 가지 않기로 했기 때문입니다.

줄리아와 편지를 주고받으며 사랑에 빠졌던 프로테우스는 자신의 아버지에게 결혼을 승낙받으려 합니다. 하지만 선뜻 용기를 내지 못합니다. 프로테우스가 망설이는 사이, 그의 아버지 안토니오는 집사 판티노의 권유에 넘어가 아들을 밀라노로 수련을 보내기로 합니다. 줄리아와 헤어지게 된 프로테우스는 그녀에게 사랑을 약속합니다.

한편, 발렌타인은 사랑 때문에 더 넓은 세상으로 나아가지 못한 프로테우스를 바보 취급했습니다. 그러나 밀라노에 도착

한 뒤에 생각지도 못한 사랑에 빠지고 맙니다. 상대는 그가 의지하던 밀라노 공작의 딸, 실비아였습니다. 실비아는 이미 수리오라는 귀족과 혼인이 결정된 상태였는데, 사랑을 포기할 수 없었던 발렌타인은 공작의 눈을 피해 실비아와 도망칠 계획을 세웁니다.

sentence 101

To be in love, where scorn is bought with groans; Coy looks, with heart-sore sighs; one fading moment's mirth, With twenty watchful, weary, tedious nights.

사랑에 빠진다는 것은 비웃음을 신음으로 사고, 무심한 표정을 가슴 아픈 한숨으로 사고, 짧은 순간의 기쁨을 스무 번의 긴 지루한 밤과 맞바꾸는 것이야.

sentence 102

She dreams of him that has forgot her love; you dote on her that cares not for your love. 'Tis pity love should be so contrary; and thinking of it makes me cry 'alas!'

그녀는 그녀의 사랑을 잊어버린 그를 꿈꾸고, 당신은 당신의 사랑을 신경 쓰지 않는 그녀를 그리워하죠. 사랑이 이렇게 상반되다니 안타깝네요. 그 생각만으로도 저는 "안타깝구나!"하고 울게 됩니다.

sentence 103

O, how this spring of love resembleth the uncertain glory of an April day, which now shows all the beauty of the sun, and by and by a cloud takes all away!

아, 이 사랑의 봄이 얼마나 변덕스러운 4월 날씨를 닮았는지, 지금은 태양의 아름다움을 모두 보여주다가 이내 구름이 모든 것을 가려버리네!

sentence 104

At first I did adore a twinkling star, but now I worship a celestial sun.

처음에는 반짝이는 별을 숭배했지만, 이제는 하늘의 태양을 경배하네.

sentence 105

Thou art a votary to fond desire?

자네는 어리석은 욕망의 신봉자인가?

그 무렵 프로테우스가 밀라노에 도착하고, 두 사람은 재회합니다. 그런데 프로테우스는 첫눈에 실비아에게 반합니다. 줄리아를 사랑하는 마음은 눈처럼 녹아 사라지고 프로테우스는 바람처럼 사랑의 맹세를 번복합니다. 실비아와 도망치려던 발렌타인의 계획을 알고 있던 그는 친구를 배신하는 일도 주저하지 않습니다. 결국 발렌타인은 그를 파멸시키려는 프로테우스의 배신으로 밀라노에서 추방당해 숲속을 떠도는 처지가 됩니다. 떠돌이 생활을 하던 그는 숲속에서 강도를 만나는데, 그들을 포섭해 두목이 됩니다.

한편, 공작의 신임을 얻은 프로테우스는 본격적으로 실비아에게 마음을 표현합니다. 하지만 실비아는 프로테우스를 배신자라고 생각하며 경멸합니다. 동시에 아버지의 뜻에 따라 수리오와 결혼하고 싶지 않아 고민합니다.

베로나에서는 홀로 남은 줄리아가 프로테우스를 그리워하다 견디지 못해 밀라노로 향합니다. 당시에는 여자가 홀로 여행하는 것이 위험한 일이었기 때문에 줄리아는 남장을 하고 떠납니다. 그녀는 밀라노에 도착하자마자 프로테우스가 실비아에게 구애한다는 소문을 듣습니다. 소문을 직접 확인하기 위해 줄리아는 하인 세바스찬으로 변장하여 프로테우스의 곁에 머뭅니다. 그녀는 자신과 프로테우스가 나눈 사랑의 증표인 반지를 실비아에게 전달하는 괴로운 심부름까지 감수해야 했습니다.

sentence 106

Ay, but hearken, sir; though the chameleon love can feed on the air, I am one that am nourished by my victuals, and would fain have meat.

네, 하지만 들어보세요. 카멜레온 같은 사랑은 공기만으로도 기운을 얻을 수 있지만 저는 실질적인 음식을 통해서만 자라나는 사람이니, 고기가 필요합니다.

sentence 107

What, gone without a word? Ay, so true love should do: it cannot speak; for truth hath better deeds than words to grace it.

말도 없이 사라졌다고요? 진정한 사랑은 그렇습니다. 말은 필요 없어요. 진실은 말보다 더 나은 행동으로 그 가치를 보여주기 때문입니다.

sentence 108

Didst thou but know the inly touch of love, thou wouldst as soon go kindle fire with snow as seek to quench the fire of love with words.

진정한 사랑의 감정을 알았다면, 눈으로 불을 붙이려는 것만큼이나 사랑의 불길을 말로 끄는 것이 불가능하다는 것을 알았을 거야.

sentence 109

Banish'd from her is self from self: a deadly banishment!

그녀에게서 추방된다는 것은 나 자신에게서 추방되는 것이니, 이는 치명적인 추방이다!

sentence 110

Love is your master, for he masters you.

사랑은 자네의 주인이야. 사랑이 자네를 지배하기 때문이네.

하지만 실비아는 세바스찬이 줄리아임을 눈치챕니다. 실비아는 반지를 줄리아에게 돌려주고 발렌타인을 다시 만날 방법을 고민합니다. 그때, 궁전의 노신사 에글러무어가 등장해 실비아에게 묘책을 알려줍니다.

그가 알려준 대로 실비아는 발렌타인이 있는 숲속을 찾습니다. 밀라노 공작과 수리오, 프로테우스, 그리고 줄리아까지 그 뒤를 따릅니다. 실비아가 발렌타인과 재회하자 프로테우스도 그곳에 등장하고 줄리아까지 나타납니다.

사랑으로 얽힌 네 사람이 드디어 한자리에 모였습니다. 발렌타인은 친구인 자신을 배신했다며 프로테우스를 비난합니다. 하지만 능구렁이 같은 프로테우스의 변명을 듣고는 너무나 쉽게 친구를 용서해 줍니다. 용서를 얻은 프로테우스는 실비아를 포기하고 줄리아에게 용서와 사랑을 구합니다. 모든 사연을 알게 된 수리오는 실비아와의 결혼을 포기하고 공작은 발렌타인을 용서합니다.

sentence 111

Experience is by industry achiev'd, and perfected by the swift course of time.

경험은 노력으로 얻을 수 있었고, 시간이 흐르면서 완벽해졌어요.

sentence 112

No more; unless the next word that thou speak'st have some malignant power upon my life: if so, I pray thee, breathe it in mine ear, as ending anthem of my endless dolour.

더 이상 말하지 마. 다음에 네가 할 말이 내 인생에 어떤 악의적인 힘을 가지지 않는다면. 만약 그렇다면, 내 귀에 속삭여 줘,

나의 끝없는 슬픔의 마지막 찬가로.

sentence 113

I know it well, sir; you have an exchequer of words, and, I think, no other treasure to give your followers, for it appears by their bare liveries, that they live by your bare words.

잘 알고 있습니다. 당신은 말이라는 재원을 가지고 있고, 제 생각에는 당신의 추종자들에게 줄 다른 보물은 없는 것 같습니다. 그들의 단출한 제복만 봐도 그들이 당신의 빈말로 살아간다는 것이 보이니까요.

sentence 114

I have done penance for contemning Love, whose high imperious thoughts have punish'd me with bitter fasts, with penitential groans, with nightly tears, and daily heart-sore sighs; for in revenge of my contempt for love, love hath chased sleep from my enthrallèd eyes and made them watchers of my own heart's sorrow.

나는 사랑을 경시한 것을 속죄하네. 사랑의 높은 오만한 생각들이 나를 비통한 금식, 참회하는 신음, 밤마다 흐르는 눈물, 매일의 마음 아픈 한숨으로 벌하였네. 사랑은 내 홀린 눈에서 혼돈의 잠을 빼앗아가고, 내 마음의 슬픔을 지켜보게 만들었네.

sentence 115

They do not love that do not show their love.

자신의 사랑을 보여주지 않는 사람은 사랑을 하지 않는 것이에요.

sentence 116

That man that hath a tongue, I say is no man, if with his tongue he cannot win a woman.

내가 말하건대, 혀를 가진 자가 여자를 사로잡을 수 없다면 그는 진정한 남자가 아니네.

sentence 117

Is she kind as she is fair? For beauty lives with kindness. Love doth to her eyes repair to help him of his blindness.

그녀는 아름다운 외모만큼 친절한가? 아름다움은 친절함과 함께 존재하네. 사랑은 그녀의 눈을 찾아가 그의 눈먼 상태를 도우려 하네.

sentence 118

What light is light, if Silvia be not seen? What joy is joy, if Silvia be not by?

실비아가 보이지 않는다면, 빛이 무슨 의미가 있겠는가? 실비아가 곁에 없으면, 기쁨이 무슨 의미가 있겠는가?

sentence 119

She is my essence, and I leave to be, if I be not by her fair influence foster'd, illumin'd, cherish'd, kept alive.

그녀는 나의 본질이며, 그녀의 아름다운 영향력 없이 나는 존재할 수 없네. 그녀의 보살핌과 빛, 사랑이 없으면 나는 살 수 없을 것이네.

이 작품은 이탈리아의 베로나와 밀라노를 배경으로 펼쳐지는 로맨스 코미디입니다. 일반적으로 《헨리 6세》를 셰익스피어의 첫 작품으로 간주하지만, 옥스퍼드 셰익스피어와 노튼 셰익스피어 편집자들은 《베로나의 두 신사》를 셰익스피어의 첫 희곡으로 간주하기도 합니다. 그래서인지 다른 작품들에 비해 숙련도가 떨어진다는 평을 받기도 합니다.

하지만 이후 셰익스피어의 작품들을 위한 실험적 작품이자 지금의 셰익스피어 희극이 있게 한 작품임은 분명합니다. 다소 완성도가 떨어지고 현대인의 시선에서는 진부해 보이는 결말로 혹평도 받지만, 여전히 연극이나 뮤지컬 등으로 제작되며 큰 사랑을 받고 있습니다.

현대에는 사랑과 우정, 배신과 용서로 이루어진 이야기가 흔하지만, 수백 년이 흐른 지금 읽어도 감탄이 나오는 이야기를 쓴 것이야말로 셰익스피어의 언어가 갖는 천재성입니다. 특히 이 작품은 젊은 시절 집필한 작품으로, 풍부한 깊이보다는 풋풋한 참신함이 매력인 작품입니다. 작가 셰익스피어의 시대를 연 초기작으로 작품 속 인물이 이후 작품에 등장하는 인물의 원형처럼 보이는 점도 흥미롭습니다.

특히 어리숙한 발렌타인은《오셀로》의 주인공인 오셀로를, 영악한 프로테우스는 같은 작품의 이아고를 떠오르게 합니다. 발렌타인과 프로테우스 이 두 남자는 정반대의 성격을 가졌지만 특별한 우정을 나눕니다. 제목에서도 "두 신사"라고 표현한 만큼 셰익스피어는 인간이 홀로 살아갈 수 없다고 생각하며, 둘 혹은 그 이상의 관계성에 관해 이야기하고 싶었던 것 같습니다.

발렌타인은 친구와 사랑하는 사람에 대한 깊은 충성심을 가지고 있으며, 자신보다 다른 사람의 행복을 우선시하는 이타심을 지닌 인물입니다. 그는 친구와 사랑하는 사람 사이에서 우정과 사랑의 갈등을 겪으며, 자신의 욕구와 타인의 행복 사이에서 선택해야 하는 상황에서 갈등합니다.

반면, 프로테우스는 사랑과 우정에 있어 변덕스럽고 충동적인 결정을 내리며, 자신의 욕구와 욕망을 우선시하는 경향이 있습니다. 그는 발렌타인과의 우정과 새로운 사랑 사이에서 갈등하며, 자신의 욕망을 충족시키기 위해 도덕적 기준을 어디까지 희생할 것인지 고민합니다.

《베로나의 두 신사》 속 인물은 시간이 흐르며 점점 입체적으로 변합니다. 처음에는 사랑에 무관심하며 사랑에 빠지는 것을 비아냥거리던 발렌타인이 사랑에 빠진 후 누구보다 간절해지는 것처럼 말입니다. 이런 모습은 셰익스피어 작품 속 인물이 독자의 공감을 얻는 핵심입니다. 셰익스피어가 초기에 빚어낸 이 인물을 잘 기억해 두면 이후 발표된 작품에서 더욱 깊어진 인물의 모습을 만나볼 수도 있어요.

내 문장 속 셰익스피어

해당 문장은 이 작품의 주제입니다. 영어나 한국어 표현을 보고 자기만의 방식으로 의역하거나 그대로 필사해 보면서 셰익스피어의 명문장을 마음에 새겨 보세요.

sentence 120

Hope is a lover's staff; walk hence with that and manage it against despairing thoughts.

희망은 사랑하는 사람의 지팡이라네. 그것과 함께 앞으로 걸어가게. 그리고 이 지팡이로 절망적인 생각에 맞서게.

길들이기 작전: 서로 다른 두 마음의 만남

2-3

The Taming of the Shrew_말괄량이 길들이기

파도바의 갑부 밥티스타 미놀라에게는 두 딸이 있었습니다. 아름다운 두 딸은 말괄량이인 첫째 캐서린과 얌전한 둘째 비앙카였습니다. 어느덧, 캐서린과 비앙카의 혼기가 차자 밥티스타는 재산을 물려줄 사위를 찾기 시작합니다. 그런데, 첫째 캐서린과 결혼하려는 사람은 아무도 없고, 둘째 비앙카에게만 구혼자들이 줄을 섭니다. 문제는 첫째를 결혼시켜야 둘째를 결혼시킬 수 있다는 것이었습니다. 게다가, 비앙카에게 구혼한 호텐쇼와 그레미오도 밥티스타의 마음에 차지 않았습니다. 캐서린은 질투에 사로잡혀 괜히 비앙카를 때리고 괴롭혔습니다.

한편, 피사 출신의 루첸티오는 학업을 위해 파도바에 왔다가 비앙카를 보고 사랑에 빠집니다. 그래서 하인인 트레니오를 자신처럼 변장시켜 비앙카에게 구혼하려는 사람처럼 꾸밉니다.

그리고 자신은 트레니오의 하인이자 비앙카의 라틴어 교사인 캄비오로 변장합니다. 이렇게 비앙카의 마음을 얻기 위해 노력하고 있을 때, 호텐쇼와 그의 친구 페트루치오가 결혼할 여인을 찾기 위해 파도바를 찾습니다. 호텐쇼는 아내가 될 사람은 좀 괴팍해도 재산만 물려받으면 된다며 페트루치오에게 캐서린에게 청혼하라고 권유합니다.

sentence 121

My tongue will tell the anger of my heart or else my heart, concealing it, will break.

내 혀가 내 마음속 분노를 말해줄 거예요. 그렇지 않으면 분노를 감추고 있는 나의 심장이 부서질 거예요.

sentence 122

If I be waspish, best beware my sting.

내가 화를 잘 낸다면, 나의 가시를 조심하는 것이 좋을 거예요.

sentence 123

There's small choice in rotten apples.

썩은 사과 중에는 선택의 여지가 없소.

sentence 124

Sit by my side, and let the world slip. We shall ne'er be younger.

내 곁에 앉아서 세상의 걱정을 잊어버립시다. 우리는 다시 젊어지지 않을 테니.

sentence 125

I see a woman may be made a fool if she had not a spirit to resist.

저항정신 없는 여자는 바보가 될 수도 있다는 것을 보았습니다.

호텐쇼는 캐서린에게 악기를 가르치다 그녀의 비위를 거슬리게 합니다. 그러자 캐서린은 악기를 휘둘러 호텐쇼의 머리를 후려칩니다. 머리가 터진 호텐쇼는 밥티스타에게 하소연합니다. 그 하소연을 함께 들은 페트루치오는 캐서린이 씩씩한 여장부라서 마음에 든다며 그녀에게 청혼합니다. 캐서린이 어떤 악담을 해도 꾀꼬리가 지저귀는 것 같다며 달콤한 말을 늘어놓습니다. 따귀를 맞으면 손에 키스했고, 갖은 사탕발림으로 마음을 얻은 그는 능구렁이처럼 당장 그 주 일요일로 결혼 날짜를 정해 버립니다.

결혼식이 끝나자 페트루치오는 캐서린을 자신의 집인 베로나로 데려갑니다. 그러고는 캐서린처럼 고귀한 여인에게는 자기 집의 식사가 천박하다며 멀쩡한 음식을 모두 땅바닥에 내팽개칩니다. 배고픔과 공포에 지친 캐서린이 잠들려고 하면 침구를 바닥에 내던지거나 하인을 크게 혼내 잠을 깨웠습니다. 며칠 동안 잠을 자지도 음식을 먹지도 못한 캐서린은 뭐든 먹게 해달라며 하인에게 매달리는 지경이 됩니다. 페트루치오의 패악질이 반복되면서 캐서린은 점차 남편에게 순종하는 아내로 변합니다. 어느 날 그들이 밥티스타를 만나러 가는 길에, 루첸티오의 아버지인 빈첸티오를 만나 파도바까지 동행합니다.

sentence 126

Thy virtues spoke of, and thy beauty sounded—yet not so deeply as to thee belongs—myself am moved to woo thee for my wife.

당신의 미덕에 관해 말이 많고, 아름다움에 관한 소문을 들었지만 당신에게 어울리는 만큼 깊지는 않았소. 나는 당신을 아내로 얻기 위해 구애하려는 마음이 생겼소.

sentence 127

The poorest service is repaid with thanks.

가장 열악한 대접에는 감사로 보답하겠소.

sentence 128

She moves me not, or not removes at least affection's edge in me.

그녀는 저를 감동시키지 않습니다. 적어도 제 안에서 애정의 날카로움도 무디게 하지 않습니다.

sentence 129

She sings as sweetly as a nightingale. Say that she frown; I'll say she looks as clear.

그녀는 밤에 우는 새처럼 달콤하게 노래합니다. 그녀가 찡그린다고 해도, 나는 그녀가 여전히 맑아 보인다고 말할 겁니다.

sentence 130

As morning roses newly wash'd with dew. Say she be mute and will not speak a word; then I'll commend her volubility, and say she uttereth piercing eloquence.

이슬로 막 씻긴 아침 장미처럼 아름답습니다. 그 여자가 말이 없고, 한마디도 하지 않는다고 말해 보세요. 그러면 저는 그녀의 화술을 칭찬하고, 그녀가 정말로 날카로운 웅변을 펼쳤다고 말할 겁니다.

파도바에서는 루첸티오가 캄비오 행세를 하며 비앙카에게 접근하고 있었습니다. 마침내 그녀를 유혹하는 데 성공한 루첸티오는 자신의 아버지인 빈첸티오를 닮은 교사를 데려와 자신의 아버지인 척을 해달라고 하고, 밥티스타의 결혼 허락을 받으려고 합니다. 그런데, 진짜 빈첸티오가 페트루치오 부부와 함께 나타나서 들키고 맙니다. 하지만 이미 비앙카의 마음이 루첸티오를 향했기 때문에, 그는 결국 비앙카와 결혼합니다. 이를 보고 낙심한 호텐쇼는 돈 많은 과부와 결혼해 버립니다.

사건이 일단락되자 모두가 밥티스타의 집에 모여 이야기를 나눕니다. 그때, 밥티스타는 페트루치오가 말괄량이 딸과 결혼하게 되어 유감이라고 말합니다. 그러자 페트루치오는 각자 아내를 불렀을 때, 가장 먼저 오는 사람에게 돈을 주자는 내기를 제안합니다. 제안을 받아들인 남편들은 각자 자신의 아내를 부릅니다. 비앙카와 돈 많은 과부는 들은 척도 하지 않았는데, 캐서린은 남편의 부름에 금방 나타납니다. 게다가 페트루치오의 명령에 따라 다른 아내들까지 데리고 옵니다. 그러자 페트루치오는 캐서린에게 모자가 어울리지 않으니 짓밟아 버리라고 합니다. 캐서린은 즉시 모자를 바닥에 던지고 짓밟습니다. 갑작스러운 그녀의 행동에 불평하는 아내들을 두고 캐서린은 아내가 지녀야 할 몸가짐과 순종이 무엇인지 설교합니다.

sentence 131

Better once than never, for never too late.

한 번 하는 것이 하지 않는 것보다 낫습니다. 시도하는 것에 늦은 때란 없습니다.

sentence 132

Ay, to the proof, as mountains are for winds, that shakes not, though they blow perpetually.

산이 바람에 흔들리지 않듯이, 끊임없이 바람이 불어도 흔들리지 않습니다.

sentence 133

For I am he am born to tame you, Kate, and bring you from a wild Kate to a Kate.

난 당신을 길들이기 위해 태어났어요, 케이트*. 당신을 야생의 케이트에서 순진한 케이트로 만들겠어요. (*페트루치오가 캐서린을 부르는 이름이다.)

sentence 134

If she do bid me pack, I'll give her thanks, as though she bid me stay by her a week.

그녀가 나에게 짐을 싸라고 한다면, 나는 그녀에게 감사할 것입니다. 그녀가 나에게 일주일을 머무르라고 한 것처럼 말이죠.

sentence 135

If she deny to wed, I'll crave the day when I shall ask the banns and when be marriѐd.

그녀가 결혼을 거부한다면, 나는 결혼 서약을 청하고 결혼하게 될 날을 고대할 것입니다.

sentence 136

Marry, peace it bodes, and love, and quiet life, and awful rule, and right supremacy, and, to be short, what not that's sweet and happy?

결혼, 평화, 사랑, 조용한 삶, 공포 통치와 정당한 지배. 간단히 말해서, 달콤하고 행복하지 않은 것은 무엇인가?

sentence 137

Here is my hand, and here I firmly vow never to woo her more, but do forswear her.

여기 내 손이 있습니다. 여기서 나는 굳게 맹세합니다. 그녀에게 더 이상 구애하지 않고 포기하겠다고.

sentence 138

And let me be a slave t'achieve that maid whose sudden sight hath thralled my wounded eye.

그리고 내가 노예가 되더라도 그녀를 쟁취하게 해주세요. 그녀는 갑작스러운 광경에 상처받은 내 눈을 사로잡았습니다.

sentence 139

Too much sadness hath congealed your blood, and melancholy is the nurse of frenzy.

너무 많은 슬픔이 당신의 피를 응고시켰고, 우울은 더 큰 광기를 키울 수 있습니다.

이 작품은 셰익스피어의 5대 희극 중 하나입니다. 독특한 극중극 형식을 보여주는 작품으로, 서막에 등장하는 주정뱅이 크리스토퍼 슬라이의 연극 속에서 모든 내용이 전개됩니다. 술에 취해 길가에 자고 있던 슬라이를 본 영주는 장난으로 그를 영주처럼 꾸민 뒤, 공손히 대우하며 기억을 잃은 영주라고 착각하게 했습니다. 처음에는 슬라이도 믿기 어려워했으나 결국 속아 넘어가 영주 행세를 하기 시작합니다. 이처럼 영주가 슬라이를 놀리는 과정에서 만들어진 연극이 바로《말괄량이 길들이기》의 내용입니다.

다만, 셰익스피어가 이 작품을 썼던 16세기 후반은 가부장제가 강하게 자리 잡고 있던 시대였던 만큼 현대에는 여성을 비하했다는 부정적인 평가도 받습니다. 반항적인 여성 캐서린을 순종적으로 길들인다는 점이 여성을 차별하던 당시의 시선과 시대의 분위기를 반영하고 있지요. 페트루치오가 아내를 길들이기 위해 하는 일은 대부분 비상식적인 것들이며, 아내를 '길들인다'는 의도 자체를 비꼬며 블랙 코미디로 해석하기도 합니다.

작품의 주요 인물인 캐서린은 반항적 성향을 지닌 인물로, 사회 규범과 기대에 반항하며 자신의 의지를 강하게 표현합니다. 그녀는 자신의 가치와 자아를 인식하며, 다른 사람의 평가에 쉽게 흔들리지 않습니다. 그녀는 자신의 독립적 성향과 페트루치오에 대한 순응 사이에서 갈등하며, 페트루치오와의 관계에서 자신의 자아를 유지하면서도 사랑을 받아들이려는 내적 갈등을 겪습니다.

반면, 페트루치오는 강한 권위와 통제력을 바탕으로 캐서린을 길들이는 인물로, 캐서린을 변화시키기 위해 다양한 전략과 방법을 사용합니다. 그는 캐서린을 사랑하면서도 그녀를 통제하려는 욕구 사이에서 갈등하며, 자신의 목표를 달성하기 위해 도덕적 기준을 어디까지 희생할 것인지 고민합니다.

캐서린과 그의 여동생 비앙카의 차이도 극 중에서 주목해 볼 만한 점입니다. 극 중에는 당시의 견해가 반영되어 사회가 요구하는 여성상에 들어맞는 비앙카를 더 나은 여성으로 묘사하고 있습니다. 사회가 바라는 여성의 모습과는 다른 캐서린은 제목처럼 말괄량이일 뿐이죠. 하지만 현대에 이 작품을 보는 많은 사람은 사회에 순응하지 않고 자기를 표현하는 캐서린에게 더 끌릴지도 모르겠습니다. 그러나 결국 남편에게 길드는 그녀의 모습에 실망도 할 겁니다.

그러나 일부 비평가는 캐서린의 마지막 복종 장면을 다르게 해석하기도 합니다. 그녀의 복종이 실제로는 '표면적'일 뿐이며, 사회적 압박을 외적으로만 수용하면서도 내적으로는 여전히 독립적인 정신을 유지할 수 있다는 가능성을 제시하는 해석도 있습니다. 이런 해석은 현대적 페미니즘 관점에서 흥미로운 논의를 불러일으킵니다.

그런데도 이 작품은 셰익스피어의 작품 가운데 최초로 유성 영화와 드라마로 제작되었습니다. 새로운 매체로 재생산된 첫 번째 희곡이라는 점에서 상당히 인지도가 높은 작품입니다. 또, 여러 편의 오페라로 제작되며 셰익스피어의 코미디 중 세계 곳곳에서 가장 많이 공연된 작품으로 꼽히고 있습니다. 대중성과 논란의 여지를 모두 갖는 작품인 만큼 각 독자의 흥미를 끄는 요소와 감상의 방식이 다를 것입니다. 다양한 입장과 관점에서 작품을 읽어보면 어떨까요.

♛ 내 문장 속 셰익스피어

해당 문장은 이 작품의 주제입니다. 영어나 한국어 표현을 보고 자기만의 방식으로 의역하거나 그대로 필사해 보면서 셰익스피어의 명문장을 마음에 새겨 보세요.

sentence 140

No profit grows where is no pleasure ta'en. In brief, sir, study what you most affect.

즐기지 못하면 얻는 게 없습니다. 간단히 말해서, 당신에게 가장 영향을 주는 것을 공부하세요.

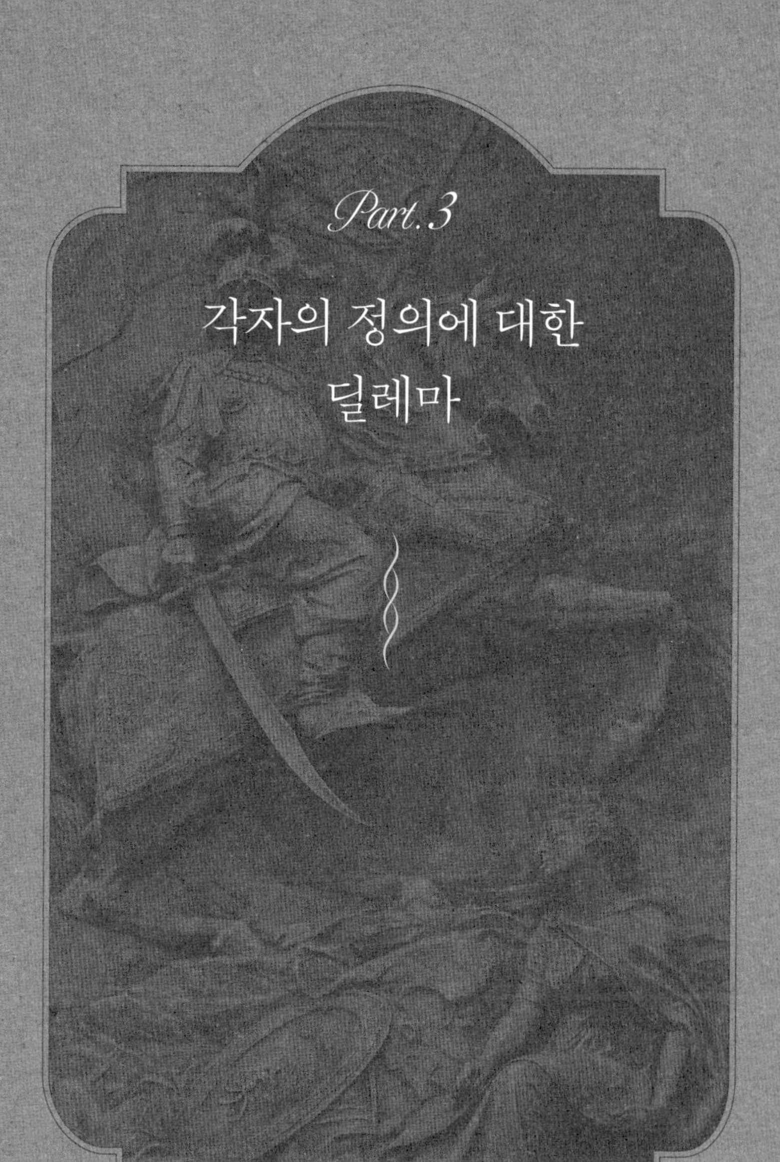

Part.3

각자의 정의에 대한 딜레마

칼날 뒤의 진실: 권력의 두 얼굴

3-1

Julius Caesar_율리우스 카이사르

율리우스 카이사르는 큰 인기를 얻으며 강력한 독재 권력을 휘두르고 있었습니다. 고위 관료 사이에서는 그가 황제의 자리에 오를 수 있다는 소문이 퍼졌고 정황상 카이사르 역시 황제의 자리를 노리는 것 같았습니다. 관료들은 카이사르가 로마 시민의 자유를 억압하는 위험한 인물이 될 수 있다는 생각에 불안했습니다.

그때, 카이사르를 암살하기 위한 계획을 세운 캐시어스가 사람들을 모읍니다. 그중에는 브루투스가 있었는데, 정의롭고 정직하며 용감한 인물이었습니다. 사람들은 브루투스가 도와준다면 카이사르의 암살에 성공할 것으로 여겼습니다.

그런데 캐시어스로부터 카이사르의 암살 계획을 제안받은 브루투스는 고민에 빠졌습니다. 브루투스는 카이사르와 좋은 관계를 유지하고 있었기 때문입니다. 그러나 카이사르가 황제가 되어 로마의 공화정을 무너트리고 시민을 노예로 만든다면 정의에 어긋난다는 사실도 알고 있었습니다. 고민 끝에, 결국 브루투스는 로마를 위해 카이사르를 암살하기로 합니다.

sentence 141

Cowards die many times before their deaths; The valiant never taste of death but once. Of all the wonders that I yet have heard. It seems to me most strange that men should fear; seeing that death, a necessary end, will come when it will come.

겁쟁이들은 죽기 전에 여러 번 죽지만, 용기 있는 자는 단 한 번만 죽음을 맛보네. 내가 지금껏 들은 모든 놀라운 일 중에 사람들이 죽음을 두려워하는 것이 가장 이상하게 여겨진다네.

sentence 142

Men at some time are masters of their fates: the fault, dear Brutus, is not in our stars, but in ourselves, that we are underlings.

인간은 때로는 자신의 운명의 주인이 될 수 있네. 친애하는 브루투스, 문제는 우리의 별들이 아니라, 우리 자신에게 있는 것이네. 우리가 하찮은 자들이 된 것은 말이지.

sentence 143

For let the gods so speed me as I love the name of honor more than I fear death.

신들이여, 제가 명예를 사랑하는 만큼 죽음을 두려워하지 않게 하소서.

sentence 144

Not that I loved Caesar less, but that I loved Rome more.

카이사르를 덜 사랑한 게 아니라 로마를 더 사랑했기 때문이네.

sentence 145

There are no tricks in plain and simple faith.

소박하고 소박한 신앙에는 속임수가 없네.

한편, 카이사르의 암살이 성공한 뒤 카이사르의 충신이었던 안토니가 화두에 오릅니다. 그는 사람을 선동하는 능력이 뛰어난 자였습니다. 카이사르를 암살한 사람들은 안토니를 죽여야 하는지, 살려두어도 괜찮은지 논쟁을 벌입니다. 정의로운 브루투스는 안토니까지 암살해서는 안 된다고 주장합니다. 자신은 그저 시민에게 자유를 주기 위해 카이사르를 암살한 것뿐이니 불필요한 살인을 저질러서는 안 된다고 합니다.

안토니는 브루투스 덕분에 살아남아, 카이사르를 죽인 이유를 알려달라고 합니다. 그 이유가 정당하다면 카이사르를 죽인 사람들에게도 충성을 다하겠다고 맹세했습니다. 브루투스는 로마의 시민 앞에서 카이사르를 죽여야만 했던 이유를 연설합니다. 그리곤 카이사르의 장례를 성대하게 치르며 안토니가 카이사르의 추모사를 할 수 있도록 허락합니다.

sentence 146

Friends, Romans, countrymen, lend me your ears. I come to bury Caesar, not to praise him. The evil that men do lives after them; the good is oft interrèd with their bones. So let it be with Caesar.

동지여, 로마인이여, 동포여, 귀를 기울여 주시오. 나는 카이사르를 묻으러 온 것이지, 카이사르를 찬양하러 온 것이 아니오. 인간이 저지른 악행은 그들 뒤에 살고, 선행은 종종 그들의 뼈와 함께 묻히오. 카이사르도 그러하오.

sentence 147

He thinks too much. Such men are dangerous.

그자는 생각이 너무 많아. 그런 자들은 위험하지.

sentence 148

And Caesar's spirit, raging for revenge, with Ate by his side come hot from hell, shall in these confines with a monarch's voice cry "Havoc!" and let slip the dogs of war, that this foul deed shall smell above the earth with carrion men, groaning for burial.

복수를 찾아 떠도는 카이사르의 영혼은, 지옥에서 갓 올라온 아테(Ate)*를 곁에 두고 왕의 목소리로 이 땅에서 외칠 것이네. "파괴를 시작하라!"라고 외치며 전쟁의 사냥개들을 풀어놓으리라. 이 끔찍한 일이 온 세상에 퍼져 썩어가는 시체들이 묻히기를 바라며 신음하리라. (*불행의 여신, 복수의 여신의 이름이다.)

sentence 149

When beggars die, there are no comets seen. The heavens themselves blaze forth the death of princes.

거지가 죽을 때는 혜성이 나타나지 않아요. 하늘은 오직 왕의 죽음을 알리기 위해 밝게 빛나죠.

sentence 150

And it is very much lamented, Brutus, that you have no such mirrors as will turn your hidden worthiness into your eye that you might see your shadow.

그리고 그것은 매우 안타까운 일이네, 브루투스. 그대가 자신을 비춰볼 수 있는 거울이 없다는 것이. 자네의 숨겨진 가치와 그림자를 보지 못한다는 것이 말이야.

그런데, 선동에 능했던 안토니는 추모사에서 카이사르가 피해자라고 주장합니다. 감정을 자극받은 시민으로 인해 여론이 바뀌자 브루투스와 그 일행은 순식간에 위대한 카이사르를 살해한 반역자로 몰립니다. 화가 난 시민이 브루투스 일행을 처형하려 하자 그들은 어쩔 수 없이 도망칩니다. 하지만 그대로 물러나지 않고 안토니와의 전쟁을 준비합니다.

이미 민심이 안토니와 카이사르에게로 돌아선 상황. 브루투스 일행은 전쟁에서도 불리했습니다. 심지어 안토니는 전쟁에 이기기 위해 옥타비아누스와 손을 잡았습니다. 브루투스 일행을 격퇴하려 안토니와 옥타비아누스 연맹이 밀고 들어오자 패

배가 확실해진 그들은 전쟁에서 죽거나 자결로 생을 마감해야 했습니다. 브루투스 역시 자결로 생을 마쳤습니다. 안토니는 자신을 살려준 브루투스의 정의로움만큼은 인정하며 그를 추모합니다.

sentence 151

Come I to speak in Caesar's funeral. He was my friend, faithful and just to me.

나는 카이사르의 장례식에서 말하려고 왔소. 그는 나의 친구였고, 나에게 충실하고 정의로운 이였소.

sentence 152

He hath brought many captives home to Rome whose ransoms did the general coffers fill. Did this in Caesar seem ambitious?

카이사르는 많은 포로를 로마로 데려와 그들의 몸값으로 국고를 채웠소. 그 일이 카이사르의 야망처럼 보였소?

sentence 153

You all did see that on the Lupercal I thrice presented him a kingly crown, which he did thrice refuse. Was this ambition?

여러분이 모두 보았듯이, 루페르칼 제일(祭日)에 나는 그에게 세 번 왕관을 내밀었고, 그는 세 번이나 거절했소. 이것이 야망이었소?

sentence 154

Yet Brutus says he was ambitious, and Brutus is an honorable man.

하지만 브루투스는 그가 야망이 있었다고 말했소. 그리고 브루투스는 고결한 사람이오.

sentence 155

I speak not to disprove what Brutus spoke, but here I am to speak what I do know. You all did love him once, not without cause. What cause withholds you then to mourn for him?

나는 브루투스의 말을 반박하려고 하는 것이 아니오. 다만 내가 아는 바를 말하려고 여기 섰소. 여러분 모두 그를 한때 사랑하지 않았소? 이유 없이 사랑한 것이 아니었소. 그렇다면 무엇이 여러분을 그를 위해 슬퍼하지 못하게 막고 있는 것이오?

sentence 156

O, judgement! Thou art fled to brutish beasts, and men have lost their reason.

오, 신이여! 그대는 야수들에게서 달아나고, 사람들은 이성을 잃었구나. 잠시 나를 이해해주시오.

sentence 157

There is a tide in the affairs of men, which, taken at the flood, leads on to fortune; Omitted, all the voyage of their life is bound in shallows and in miseries.

인간사에는 밀물과 썰물이 있고. 밀물이 들어올 때 잡으면 행운으로 이끄는 법이오. 이를 놓치면 평생의 항해는 얕은 물과 고난 속에 갇히고 말지.

sentence 158

And since you know you cannot see yourself so well as by reflection, I, your glass, will modestly discover to yourself that of yourself which you yet know not of.

그리고 그대 스스로를 볼 수 없다는 것을 알고 있소. 내가 그대의 거울이 되어 그대가 아직 알지 못하는 그대 자신을 겸손하게 보여주겠소.

sentence 159

As he was valiant, I honor him. But, as he was ambitious, I slew him.

그가 용감했기에, 나는 그를 존경했소. 그러나 그가 야망을 가졌기에, 나는 그를 죽여야 했소.

플루타르코스의 《영웅전》을 바탕으로 쓴 이 극은 카이사르가 정적인 폼페이우스를 제거하여 정치가로서 권력의 정상에 올랐을 때 암살당하는 내용을 다루고 있습니다. "브루투스, 너마저!"라는 대사로 유명하기도 합니다.

특이한 점은 제목과 달리 카이사르가 아니라 카이사르 암살에 가담한 로마의 이상주의 정치가인 브루투스가 주인공이라는 사실입니다. 이 때문에 카이사르는 극의 전반부에 암살당하고, 카이사르가 암살되는 사건을 전후로 브루투스가 갈등하고 파멸하는 과정이 주요 내용입니다.

작품 속에서 카이사르는 용맹스러운 전쟁 영웅인 동시에 왼쪽 귀가 들리지 않는 신체적 결함과 미신에 의존하는 정신적 병약함을 지닌 인물입니다. 브루투스는 도덕적인 인품과 곧은

강직성을 지닌 영웅이지만 이상주의로 가득 차 현실 감각을 잃은 인물입니다. 이처럼 셰익스피어는 인물의 성격을 입체적으로 그려내며 인물들의 성격과 특성을 선명하게 표현하였습니다. 또, 정치 세계에서의 이상주의가 초래하는 비극을 현실적으로 묘사하기도 했습니다.

브루투스는 극의 초반 로마제국을 지키기 위해 카이사르를 죽여야 하는 갈등 상황에 놓입니다. 그는 카이사르를 존경했지만, 로마를 더 사랑했기에 나라를 지키기 위한 판단을 내립니다. 정의를 위해 친구를 배신해야 하는 상황에서 깊은 내적 갈등을 경험했지만 그의 도덕적 인품은 결국 친구를 죽입니다. 그러면서 브루투스는 자신의 명예와 로마의 미래를 위해 개인적인 욕망도 희생합니다.

그는 자신보다 나라를 지키기 위한 충성심과 애국심에 가득 찬 삶을 선택했습니다. 그리고 그 곁에서 그를 설득한 카시우스는 권력욕에 차 카이사르를 죽이고자 했고, 결국 브루투스를 조종하여 자신의 목적을 달성하려 한 이기적인 인물입니다. 두 사람의 이러한 성격이 만나 결국 카이사르는 목숨을 잃었고, 카이사르의 죽음 뒤 찾은 명예에도 불구하고 브루투스는 애국심 하나로 나라를 다스리려다 비극을 맞고 말았죠.

이러한 작품의 배경은 로마제국이 세워지기 직전 로마 공화정 말기의 어수선한 정국입니다. 이를 근거로 비평가들은 이 작품이 셰익스피어가 영국에 강력한 군주제가 필요함을 피력하기 위해 만든 정치극이라고 파악했습니다. 또한 셰익스피어의 다른 작품들과 달리 희극적인 요소나 로맨스 없이 단일한 사건으로 구성된 것을 특징으로 보았습니다. 하나의 사건을 통해 정치가 무엇인지 깊이 생각하도록 하는 《율리우스 카이사르》는 권력과 도덕적 갈등, 운명과 자유 의지, 언어의 힘 등 철학적인 질문들을 심도 깊게 다룬 작품입니다. 이 작품을 통해 정치와 권력, 그리고 인간에 대해 깊게 사유해 보세요.

♛ 내 문장 속 셰익스피어

해당 문장은 이 작품의 주제입니다. 영어나 한국어 표현을 보고 자기만의 방식으로 의역하거나 그대로 필사해 보면서 셰익스피어의 명문장을 마음에 새겨 보세요.

sentence 160

On such a full sea are we now afloat, and we must take the current when it serves or lose our ventures.

우리는 지금 만조 위에 떠 있소. 물살이 우리를 도울 때 그 물살을 타야 하오. 그렇지 않으면 우리의 모든 노력을 잃게 될 것이오.

정의와 자비의 딜레마: 누구도 정답은 없다

3-2

The Merchant of Venice_베니스의 상인

유대인 샤일록은 베니스에서 고리대금업을 하며 막대한 재산을 모았습니다. 빌려준 돈을 모질게 받아내기로 소문이 자자해 그를 미워하지 않는 사람이 베니스에 없을 정도였습니다. 그중 누구보다 샤일록을 미워하는 자가 있었는데, 베니스의 젊은 상인 안토니오였습니다. 안토니오는 샤일록과 달리 곤경에 처한 사람에게 돈을 빌려주었을 때는 절대 이자를 받지 않았습니다. 안토니오는 길거리에서 샤일록을 만나면 그를 무척 비난하며 모욕했습니다. 하지만 샤일록은 유대인으로서 차별받았기 때문에 안토니오에게 직접 맞서지 못하고 복수심을 불태웠습니다.

그러던 어느 날, 안토니오의 친구 바사니오가 사치스러운 생활 끝에 파산했습니다. 급히 돈이 필요했던 바사니오는 포샤와

결혼해 자신의 재산을 회복하겠다고 합니다. 포샤는 최근에 아버지가 사망한 상속녀로 막대한 유산을 상속받았기 때문입니다. 하지만 바사니오는 부유한 포샤의 관심을 끌 만큼의 돈이 없었습니다. 결국 안토니오에게 급히 돈을 빌리려고 하지만 안토니오에게도 당장 돈을 내어줄 만큼의 여유가 없었습니다. 다만, 안토니오에게는 곧 배에 실려 베니스로 들어올 것이 예정된 물품이 있었습니다. 친구를 외면할 수 없었던 안토니오는 그것을 담보 삼아 돈을 빌리기로 합니다.

sentence 161

How sweet the moonlight sleeps upon this bank! Here will we sit and let the sounds of music.

달빛이 이 둑 위에서 얼마나 달콤하게 잠을 자는지요! 여기 앉아서 음악 소리를 들어요.

sentence 162

The moon shines bright. In such a night as this. when the sweet wind did gently kiss the trees and they did make no noise, in such a night.

달빛이 밝게 비추네. 이런 밤, 달콤한 바람이 나무들을 살며시

어루만지네. 그들이 아무 소리도 내지 않았던 그런 밤에.

sentence 163

All that glisters is not gold; often have you heard that told: Many a man his life hath sold. But my outside to behold: Gilded tombs do worms enfold.

반짝인다고 해서 모두 금은 아니다. 너희도 자주 들어봤겠지. 겉모습만을 위해 많은 사람이 자기 삶을 팔았다. 하지만 금으로 덮인 무덤 안에도 벌레가 들기 마련이다.

sentence 164

How far that little candle throws his beams! So shines a good deed in a weary world.

저 작은 촛불이 얼마나 멀리 그의 빛을 던지는지요! 그래서 지친 세상에서 선행은 빛납니다.

sentence 165

My purse, my person, my extremest means Lie all unlock'd to your occasions.

내 지갑과 몸, 내 모든 것이 자네가 필요할 때마다 언제든 열려

있네.

안토니오는 평소 비난했던 샤일록에게 찾아가 얼마든지 이자를 낼 테니 3천 커트를 빌려 달라고 합니다. 배가 물건을 싣고 베니스로 입항하면 빌린 원금과 이자를 모두 갚는 조건이었습니다. 샤일록은 그동안 안토니오에게 모욕받아 왔으니 이번이 복수할 기회라고 생각합니다. 샤일록은 이자는 필요 없고, 원금만 갚으면 되지만 만약 정해진 날에 돈을 갚지 못하면 안토니오의 몸에서 일정 부위의 살을 1파운드 잘라서 가져가겠다는 무시무시한 조건을 제시합니다.

안토니오는 배가 입항하면 빌린 돈을 충분히 갚을 수 있다고 생각해 샤일록이 제안한 조건을 수락합니다. 안토니오가 목숨을 담보로 빌린 돈으로 바사니오는 화려한 결혼식을 준비합니다. 그리고 포샤가 사는 벨몬트로 찾아가 구혼에 성공합니다. 계획대로 바사니오는 그녀의 모든 재산을 차지할 수 있었고 그 증표로 받은 반지를 절대 잃어버리지 않겠다고 맹세합니다.

그런데 물건을 가득 싣고 베니스로 들어와야 했을 안토니오의 배가 난파당했다는 소식이 들려옵니다. 결국 안토니오는 샤일록에게 돈을 갚아야 할 날짜를 지키지 못했습니다. 바사니오는 그동안의 일 전부를 아내 포샤에게 말했고, 포샤는 원금의 몇 배가 되더라도 친구인 안토니오를 도와주라고 합니다.

베니스로 돌아온 바사니오는 감옥에 갇힌 안토니오를 만나 대신 돈을 갚아주려 합니다. 그러나 잔인한 고리대금업자 샤일록은 약속한 날까지 원금을 갚지 못했으니 안토니오의 살을 잘라가겠다고 주장합니다.

sentence 166

We do pray for mercy, and that same prayer doth teach us all to render the deeds of mercy.

우리는 자비를 구하며 기도하고, 그 기도는 우리 모두에게 자비를 베풀라고 가르쳐요.

sentence 167

You call me misbeliever, cutthroat dog, and spet upon my Jewish gaberdine.

당신은 나를 배교자(이교도)라 부르며, 살인견이라 욕하고, 내 유대인의 외투에 침을 뱉었소.

sentence 168

I am a Jew. Hath not a Jew eyes? Hath not a Jew hands, organs, dimensions, senses, affections, passions?

내가 유대인이기 때문이오. 유대인에게 눈이 없소? 유대인에게 손, 장기, 관점, 감각, 애정, 감정이 없소?

sentence 169

Fed with the same food, hurt with the same weapons, subject to the same diseases, healed by the same means, warmed and cooled by the same winter and summer as a Christian is?

같은 음식을 먹고, 같은 무기로 상처를 입고, 같은 질병에 걸리며, 같은 방법으로 치료받고, 겨울과 여름에 똑같이 춥고 덥게 느끼는 게 기독교인과 다릅니까?

sentence 170

The Jew shall have my flesh, blood, bones and all, ere thou shalt lose for me one drop of blood.

유대인이 내 살, 피, 뼈, 전부를 가져갈지언정, 내 잘못으로 인해 네가 피 한 방울도 흘리게 하지 않겠네.

한편, 포샤는 변호사 친척에게 자문해 직접 안토니오를 변호하기로 합니다. 그녀는 남장을 하고 변호사복을 입고 재판 당일 베니스에 도착해 안토니오의 변호를 맡습니다. 변호사가 남장한 바사니오의 아내라는 사실은 아무도 알지 못했습니다.

포샤는 법률에 따라 샤일록이 증서에 기록된 벌금을 받을 권리가 있음을 인정하면서 한편으로는 고결한 자비에 관해 이야기합니다. 하지만 복수가 목적인 샤일록은 증서에 적힌 그대로 안토니오의 살점 1파운드를 가져가겠다고 주장합니다.

결국 포샤는 샤일록에게 안토니오의 살점 1파운드를 잘라가라고 합니다. 그러나, 안토니오가 죽어서는 안 되고 한 방울의 피도 흘리지 말아야 한다는 조건을 제시합니다. 차용증서에는 1파운드의 살만 적혀 있지, 안토니오의 생명이나 피는 언급되지 않았기 때문입니다.

샤일록은 안토니오의 몸에 칼을 대지 못했고 사건을 평화롭게 마무리한 변호사는 기립박수를 받습니다. 샤일록은 나중에는 원금이라도 받게 해달라고 주장했지만, 포샤는 베니스의 법률에 따라 시민의 생명을 해치려고 의도적으로 계약 조항을 만들었으므로 그의 재산을 국가에 몰수한다고 밝힙니다. 결국 샤일록은 복수에 실패하고 재산까지 몰수당한 채 법정에서 퇴장할 수밖에 없었습니다.

바사니오는 샤일록에게 갚아야 했던 돈을 변호사에게 주겠다고 제안합니다. 그러나 변호사는 돈을 받는 대신 바사니오의 반지를 요구합니다. 아내와 사랑의 증표로 간직할 것을 맹세한 반지였지만 친구를 살려준 감사의 대가로 바사니오는 변호사에게 반지를 내어줄 수밖에 없었습니다.

재판이 끝나고 포샤는 서둘러 돌아가 다시 바사니오의 아내가 되어 남편을 기다립니다. 안토니오의 변호사가 자신의 아내였다는 사실을 모른 채 안토니오와 함께 집으로 돌아온 바사니오는 변호사에게 반지를 주었다는 사실을 고백하며 약속을 어긴 것을 사죄합니다. 포샤는 사랑하는 남편과 그 친구의 목숨을 구하면서 반지를 통해 남편의 사랑까지 재확인합니다.

sentence 171

The devil can cite Scripture for his purpose. An evil soul producing holy witness is like a villain with a smiling cheek.

악마도 자신의 목적을 위해 성경을 인용할 수 있소. 악한 영혼이 신성한 증언을 내세우는 것은 웃는 얼굴을 한 악당과 같소.

sentence 172

Love is blind, and lovers cannot see the pretty follies that themselves commit.

사랑은 눈이 멀어서, 사람에 빠진 사람은 자신이 저지르는 귀여운 어리석음을 보지 못하죠.

sentence 173

The attribute to awe and majesty wherein doth sit the dread and fear of kings, but mercy is above this sceptred sway. It is enthroned in the hearts of kings.

경외와 위엄을 상징하며, 그 안에는 왕들의 두려움과 공포가 있습니다. 하지만 자비는 이런 홀*의 권세를 넘어서며, 왕의 마음에 자리 잡습니다. (*왕권을 상징하는 지팡이(sceptre)이다.)

sentence 174

The man that hath no music in himself, nor is not moved with concord of sweet sounds, is fit for treasons, stratagems, and spoils. The motions of his spirit are dull as night, and his affections dark as Erebus.

자신 내면에 음악이 없는 사람과 감미로운 소리에 감동하지 않는 사람은 배신, 계략, 약탈이 어울리는 사람이오. 그의 영혼의 움직임은 밤처럼 둔하고, 그의 감정은 에레보스(Erebus)*처럼 어둡구려. (*그리스 신화, 어둠의 신이다.)

sentence 175

The sins of the father are to be laid upon the children.

아버지의 죄는 아이들에게 이어진다고 하네요.

sentence 176

Sit, Jessica. Look how the floor of heaven is thick inlaid with patines of bright gold. There's not the smallest orb which thou behold'st.

앉으시오, 제시카*. 천국의 바닥을 보시오. 밝은 금으로 두꺼운 장식을 입혔소. 당신이 보는 가장 작은 궤도조차도 말이오. (*샤일록의 딸이다.)

sentence 177

So may the outward shows be least themselves. The world is still deceived with ornament.

겉모습은 실제와 가장 다르지. 세상은 언제나 장식에 속고 있소.

sentence 178

I hold the world but as the world, Gratiano—a stage where every man must play a part, and mine a sad one.

나는 그저 세상을 세상일 뿐이라 생각하오, 그라티아노. 세상은 모든 사람이 역할을 맡아 연기하는 무대일 뿐이오. 그리고 내 역할은 슬픈 역할이오.

sentence 179

By my soul I swear there is no power in the tongue of man to alter me.

맹세하건대 사람의 혀로는 나를 바꿀 힘이 없소.

《베니스의 상인》은 이탈리아 소설에서 취재한 작품으로 5막으로 구성된 극입니다. 《햄릿》과 함께 가장 많이 인용되는 캐릭터인 포샤가 등장하는 작품이며, 셰익스피어 하면 떠오르는 유명극 중 하나이기도 합니다. 이 작품은 논쟁거리가 많아 특히나 흥미롭습니다.

당시 사람들은 유대인을 탐욕적이고 냉혹한 인종으로 여겼습니다. 따라서 작품 내에 악인으로 비추어지는 샤일록도 유대인으로 설정되어 있습니다. 이 작품은 기독교인의 입장에서는 희극이지만 재산을 몰수당하고 강제로 기독교로 개종당한 유대인의 처지에서는 비극입니다. 사회와 종교만이 아니라 법과 정치 측면에서도 많은 것을 암시하며, 특히 재판 장면이 여러 문제점을 드러냅니다. 실정법의 범주에서 계약은 계약서상의 문구로부터 추론할 수 있는 내용까지 인정하지만, 포샤의 판결은 계약이 내포한 내용은 제시하지 않고 문자 그 자체만을 확

대하여 해석했습니다. 즉, 실정법상으로는 1파운드의 살 외에 계약서에 명시된 사항이 없어도 그것과 함께 흘리는 피를 허용한다는 해석이 가능한 것입니다. 그러나 포샤를 비롯한 기독교인들은 '자비'를 강조하면서 유대인 고리대금업자의 사악함과 자신들의 관대함을 대비시키지만, 그들의 사랑과 자비는 같은 기독교인들에게만 한정되어 있어 위선처럼 느껴집니다.

작품의 주요 인물 중 하나인 샤일록은 안토니오에 대한 깊은 원한과 복수심을 품고 있으며, 이를 실행에 옮기려고 합니다. 그는 유대인으로서의 자부심이 있지만, 동시에 사회에서 고립감을 느낍니다. 샤일록은 복수심과 인간적인 자비 사이에서 갈등하지만, 결국 복수를 선택합니다. 또한, 유대인으로서의 자부심과 사회에서 받는 차별 사이에서 갈등합니다. 그는 안토니오와의 계약을 통해 자신의 지위를 회복하고 기독교 사회에 대한 복수를 이루려 합니다. 하지만 그의 계획은 포샤의 기지로 인해 좌절되고, 재산을 몰수당하고 강제로 기독교로 개종합니다. 이에 따라 샤일록은 사회적으로도, 종교적으로도 철저히 패배자가 됩니다.

안토니오는 친구인 바사니오를 위해 자신의 재산을 기꺼이 희생하는 이타심을 가지고 있으며, 극 초반부터 이유 없는 깊은 우울증을 겪고 있습니다. 그는 친구를 돕기 위해 큰 위험을 감수하면서도 그에 따른 결과를 두려워합니다. 샤일록에 대한 경멸과 실제로 계약을 이행해야 하는 상황 사이에서 갈등하며, 자신의 신념과 현실 사이에서 고민합니다. 안토니오는 결국 포샤의 지혜 덕분에 목숨을 구하지만, 이 과정에서 법과 정의, 자비와 복수의 복잡한 문제를 마주합니다.

결국 셰익스피어가 재판 장면을 통해 보여주고자 한 것은 기독교인의 승리가 아니라 위선적인 인물의 내면입니다. 물론, 모든 사람에게는 자기 입장이 있습니다. 그러나 겉으로 보이는 것과 내면 사이의 괴리를 잊지 않고 극단적이고 편향적인 사고를 경계해야 한다는 셰익스피어의 경고를 읽을 수 있습니다.

다양한 인종이 살아가는 대표적인 상업 도시인 베니스에서 안토니오와 샤일록의 삶은 너무 달라 보이지만 그들이 각자의 생활을 이어나가기 위해 노력하는 상인임은 다르지 않습니다. 그들이 선하기만 하거나 악하기만 한 것이 아니라는 것도요.

세상은 각자의 원칙을 따르고 살아가는 사람으로 채워져 있고 그 규칙들은 충돌할 수밖에 없을지도 모릅니다. 모두 자기가 옳다고 주장한다면요. 하지만 자기만의 신념이 있듯 타인의 신념도 존중한다면 조금 더 평화로운 세계가 구현될 것입니다. 결국 베니스의 두 상인에 대한 이야기였지만 세계 속의 다양한 이해관계에 관한 이야기가 아닐까요.

♛ 내 문장 속 셰익스피어

해당 문장은 이 작품의 주제입니다. 영어나 한국어 표현을 보고 자기만의 방식으로 의역하거나 그대로 필사해 보면서 셰익스피어의 명문장을 마음에 새겨 보세요.

sentence 180

The quality of mercy is not strained. It droppeth as the gentle rain from heaven upon the place beneath. It is twice blessed: It blesseth him that gives and him that takes.

자비는 강요될 수 없는 것이네. 하늘에서 내리는 부드러운 비처럼 땅 위에 떨어지지. 자비는 두 번 축복하네. 주는 자도, 받는 자도 축복하는 것이지.

오해의 비극: 오해가 낳은 의심이 커져만 갈 때

3-3

Cymbeline_심벨린

브리튼의 왕 심벨린은 딸 이모진 공주를 국외로 추방합니다. 공주가 가난한 포스추머스와 몰래 결혼했기 때문입니다. 심벨린이 분노하는 모습을 보고 왕비인 그의 두 번째 부인은 자기 아들 클로튼과 이모진을 결혼시키려는 계략을 꾸밉니다. 이모진과 결혼하면 아들이 왕위를 넘겨받기 때문이었습니다. 공주가 쫓겨난 뒤, 로마로 도피한 포스추머스는 이모진을 가장 아름답고 정숙한 여자라며 자랑합니다. 그러나 간사한 이아키모가 그녀의 순결을 증명하라고 부추기는 바람에 이모진이 준 반지를 걸고 내기를 합니다.

이아키모는 브리튼에서 이모진을 만납니다. 그는 이모진에게 궤를 주며 소중한 것이니 그녀의 방에 숨겨달라고 부탁합니다. 그러고는 궤에 숨어 있다가 이모진이 잠든 사이 밖으로 나옵니다. 그는 이모진의 몸과 방의 특징을 살피고 그녀의 팔찌를 훔쳐 궤로 다시 들어갑니다.

시간이 흘러 궤는 밖으로 옮겨져 로마에 돌아옵니다. 이아키모는 내기에서 이기기 위해 이모진으로 변장하여 포스추머스를 속입니다. 이에 속아 넘어간 포스추머스는 이모진에게 밀포드에서 만나자는 편지를 보낸 뒤 하인 피사니오에게 이모진을 죽이라고 명령합니다.

sentence 181

Fear no more the heat o' the sun, nor the furious winter's rages.

이제 더는 태양의 열기를 두려워하지 말고, 맹렬한 겨울의 분노도 두려워하지 말라.

sentence 182

Thou bid'st me to my loss: for true to thee were to prove false, which I will never be, to him that is most true.

당신은 나에게 스스로를 파괴하는 일을 하라고 하시는군요. 내가 당신에게 충성한다면, 세상에서 가장 정직한 사람을 배신하는 일이 됩니다. 나는 절대 그렇게 할 수 없습니다.

sentence 183

Golden lads and girls all must, As chimney-sweepers, come to dust.

황금 같은 젊은이와 아가씨들도 모두, 굴뚝 청소부처럼 결국은 먼지가 되리라.

sentence 184

Fortune brings in some boats that are not steer'd.

운명은 항로를 잃은 배들도 항구로 데려오지.

sentence 185

Poor I am stale, a garment out of fashion. And, for I am richer than to hang by the walls, I must be ripp'd.

나는 이제 낡아서 유행이 지난 옷과 같아. 벽에 걸어두기에는 너무 귀중하니, 차라리 찢겨야 해.

그 시각, 왕비는 약사에게 독약* 제조를 부탁합니다. 그리고 피사니오에게는 이모진이 클로튼과 결혼할 수 있게 설득시키고 출세를 약속합니다. 명약이라고 속인 독약도 줍니다. 이모진을 찾아간 피사니오는 이모진을 죽이지 못하고 왕비에게 받은 명약을 주었고, 포스추머스에게는 피 묻은 이모진의 옷 조각을 주어 이모진이 죽었다고 속입니다. 그러나 이모진은 피사니오의 배려로 살아서 피델이라는 소년으로 남장을 하고 도망쳐 산속을 헤맸습니다. (*독약은 왕비가 포스추머스를 독살하기 위해 준비한 극약이었다. 왕비의 사악함을 알고 있던 약사(궁정의 전의)는 깊은 잠에 빠지는 약으로 지어 왕비에게 전달했고, 독약으로 믿은 왕비는 포스추머스의 신하 피사니오에게 명약이라고 속여 건넨 것이다.)

이모진은 산속을 헤매다가 한 동굴에 도착합니다. 동굴 안에는 20년 전에 심벨린에게 추방당했던 충신 벨라리어스가 살고 있었습니다. 그는 심벨린의 두 왕자 아비라거스와 기데리어스를 유괴하여 함께 살고 있었는데, 피델을 기꺼이 받아들여 돌봐줍니다.

지쳐서 병이 난 이모진은 피사니오가 준 약을 먹고 동굴에서 잠듭니다. 그때 기데리어스는 산속에 나타난 클로튼과의 싸움에서 승리합니다. 그의 머리를 들고 동굴로 돌아온 기데리어스는 잠든 이모진이 죽었다고 생각해 장례를 준비합니다.

sentence 186

When Fortune means to men most good, she looks upon them with a threatening eye.

행운이 사람들에게 가장 큰 축복을 의미할 때, 행운은 그들을 위협적인 눈길로 바라보지.

sentence 187

Hark, hark! the lark at heaven's gate sings, and Phoebus 'gins arise, his steeds to water at those springs on chaliced flowers that lies.

들어봐요, 들어보세요! 날아가는 종달새가 천국의 문 앞에서 노래해요. 태양신 포이보스(Phoebus)가 떠오르기 시작하고, 그의 말들이 성배 모양 꽃 위에 있는 샘물에서 물을 마시려 하네.

sentence 188

I have read three hours then: mine eyes are weak: fold down the leaf where I have left: to bed: take not away the taper, leave it burning; and if thou canst awake by four o' the clock, I prithee, call me.

세 시간 동안 책을 읽었더니 눈이 피곤하네. 내가 읽은 곳까지 책갈피를 꽂아놓고 이제 자러 가야겠어. 촛불을 끄지 말고, 그냥 켜둬. 네가 새벽 4시에 깰 수 있다면, 나를 깨워 주게.

sentence 189

O, for a horse with wings! Hear'st thou, Pisanio? He is at Milford-Haven: read, and tell me how far 'tis thither.

아, 날개 달린 말이 있으면 좋겠어! 피사니오, 들리니? 그가 밀포드-헤이븐에 있네. 읽고 나에게 거기가 얼마나 먼지 말해줘.

sentence 190

With his own sword, which he did wave against my throat, I have ta'en his head from him: I'll throw't into the creek behind our rock.

그가 내 목을 겨누던 자신의 칼로, 나는 그의 머리를 베었소. 그 머리는 우리 바위 뒤에 있는 개울에 던져버릴 것이오.

잠시 후, 잠에서 깨어난 이모진은 목이 잘린 클로튼의 몸을 보고 포스추머스가 죽었다고 생각합니다. 시체가 포스추머스의 옷을 입고 있었기 때문입니다. 그녀는 충격을 받아 시체 위로 쓰러집니다. 하지만 슬픔에 빠져 있을 수는 없었습니다. 그녀는 때마침 브리튼에 상륙한 로마 군대의 사령관에게 심부름꾼으로 써달라고 부탁해 전쟁에 참전합니다.

전쟁은 로마 특사 루시어스가 로마에 조공을 바치라고 요구한 것을 브리튼이 거부하여 발발했습니다. 벨라리어스와 두 왕자는 전쟁에서 로마군에 맞서 싸워 승리합니다. 브리튼을 위해 싸운 이들 가운데는 농부로 변장한 포스추머스도 있었습니다. 그는 이모진의 죽음에 한탄하며 이탈리아 옷을 벗고 브리튼을 위해 싸우기로 결심했던 것입니다.

잠시 로마의 포로로 잡혔던 심벨린 왕도 두 아들과 벨라리어스, 포스추머스의 도움으로 풀려납니다. 왕은 공로를 세운 벨라리어스, 아비라거스, 기데리어스에게 작위를 수여합니다. 반면, 포스추머스는 전쟁에서 죽지 않은 것을 후회하며 자신이 로마인이라는 사실을 밝혀 감옥에 갇힙니다. 그러던 중, 포스추머스는 이모진이 피델로 변장했다는 사실을 알게 되고 이아키모의 자백으로 오해를 풀게 됩니다. 얼마 지나지 않아 심벨린 왕은 포로들을 석방하고 평화의 길을 선언합니다. 로마와 브리튼이 새로운 동맹 관계를 맺습니다.

sentence 191

Let no more be said; bind us with peace and friendship, for war has brought us grief enough.

더는 아무 말도 하지 말고, 우리를 평화와 우정으로 묶어주오. 전쟁은 이미 우리에게 충분한 고통을 안겨주었소.

sentence 192

Hang there like fruit, my soul, till the tree die!

내 영혼아, 거기에 열매처럼 매달려 있어라. 나무가 죽을 때까지!

sentence 193

Why did you throw your wedded lady from you? Think that you are upon a rock; and now throw me again.

왜 당신의 아내를 내던졌나요? 당신이 지금 바위 위에 있다고 생각해 보세요. 그리고 이제 다시 나를 던져보세요.

sentence 194

No, 'tis slander, whose edge is sharper than the sword, whose tongue outvenoms all the worms of Nile, whose breath rides on the posting winds and doth belie all corners of the world.

아니, 이건 중상모략이에요. 그 칼날은 칼보다 더 날카롭고, 그 혀는 나일강의 모든 벌레보다 더 강한 독이 있죠. 그 숨결은 빠르게 달리는 바람을 타고 세상의 모든 구석구석을 속여요.

sentence 195

The heaviness and guilt within me drives me to confess my sin. I wronged her.

내 마음의 무거움과 죄책감이 나를 이 죄를 고백하게 만들었네. 나는 그녀에게 잘못을 저질렀소.

sentence 196

O, thou goddess, thou divine Nature, how thyself thou blazon'st in these two princely boys! They are as gentle as zephyrs blowing below the violet, not wagging his sweet head; and yet as rough, their royal blood enchafd, as the rud'st wind, that by the top doth take the mountain pine, and make him stoop to the vale.

오, 신이시여, 거룩한 자연이여. 어떻게 이 두 왕자 같은 소년들에게 당신의 모습을 드러내시는지! 그들은 제비꽃 아래서 부드럽게 불어오는 서풍처럼 온화하도다, 그 달콤한 머리를 흔들지 않으면서도. 하지만 그들 왕족의 피가 끓어오르면, 산꼭대기의 소나무를 굽히는 가장 거친 바람처럼 거칠기도 하네.

sentence 197

Thou art all the comfort. The gods will diet me with.

너는 신들이 나에게 허락한 모든 위안이야.

sentence 198

I'll fight no more against fate. Rome calls, but I'll serve Britain instead, for what joy is there without her?

나는 더 이상 운명에 맞서 싸우지 않겠다. 로마가 나를 부르지만, 그녀 없는 세상에 무슨 기쁨이 있겠는가? 나는 브리튼을 위해 싸우겠다.

sentence 199

This is my lord; this is Posthumus! Let him be thus for it is Posthumus, my love.

이분이 내 주군이자, 포스추머스입니다! 내 사랑 포스추머스.

《심벨린》은 역사극이자 로맨스이며 음모극이기도 한 혼란스러운 작품입니다. 이 극은 셰익스피어 희곡의 거의 모든 특징을 갖는데, 다른 작품들보다도 복합적이고 다층적으로 그려져 있습니다. 등장인물도 많고 다른 희곡보다 길이도 긴 편입니다. 각종 음모도 복잡하게 얽혀 있고요.

게다가 기존 작품에서 쓰던 도구도 극 안에서 자주 발견됩니다. 가령 《오셀로》의 남녀 간에서 오해로 비롯되는 이야기, 《로미오와 줄리엣》의 약물로 죽었다고 생각한 인물이 깨어나는 전개, 《십이야》의 남장여자라는 요소가 그 예입니다. 이러한 요소들은 각각 분리되어 개별적으로 존재하는 것이 아니라 전쟁이라는 배경과 맞물려 유기적인 이야기로 결합하고 재탄생합니다.

이렇게 겹겹이 쌓인 음모와 오해가 풀리며 하나의 이야기가 여러 갈래로 펼쳐질 때의 쾌감은 스릴러 영화에서 반전이 밝혀지는 순간과 비슷합니다. 즉 《심벨린》은 배신, 신뢰, 용서, 정체성 등 인간의 다양한 경험을 복합적으로 탐구하는 작품입니다. 셰익스피어는 이 작품을 통해 인간 본성의 복잡함을 드러내며, 복수보다는 용서와 화해를 선택함으로써 진정한 구원이 가능하다는 메시지를 전달합니다. 또한, 여성의 주체성과 인간 정체성의 탐구, 국가 간의 정치적 갈등과 화해의 가능성을 다루며, 셰익스피어의 철학적 사유의 깊이를 잘 보여줍니다.

이 작품은 셰익스피어가 후반기에 쓴 작품이기 때문에 세밀한 집필이 가능했습니다. 셰익스피어가 자기 작품을 참고하며 이미 익숙해진 것들로부터 새로운 것을 이끌어낸 것입니다. 이처럼 과거의 자신을 통해 더욱 발전할 수 있습니다. 과거의 부족함을 기피하기보다는 그것들이 모으고 합쳐지며 새롭게 탄생할 자신을 한번쯤은 긍정하면 어떨까요.

♛ 내 문장 속 셰익스피어

해당 문장은 이 작품의 주제입니다. 영어나 한국어 표현을 보고 자기만의 방식으로 의역하거나 그대로 필사해 보면서 셰익스피어의 명문장을 마음에 새겨 보세요.

sentence 200

Whom best I love I cross; to make my gift the more delayed, delighted.

내가 가장 사랑하는 이를 괴롭히는 것이니 그 보상을 더 늦게, 더 크게 기쁨으로 주기 위함이라.

복수의 굴레: 왕자의 비극적 자멸

3-4

Hamlet_햄릿 ♛

갑작스럽게 사망한 덴마크의 국왕. 얼마 지나지 않아 왕의 동생 클로디어스는 왕위에 오르고 왕비 거트루드는 그와 재혼합니다. 햄릿 왕자는 아버지를 잃은 슬픔이 사라지기도 전에 재혼한 어머니에게 배신감을 느낍니다. 그런데 갑자기 아버지의 유령이 햄릿 앞에 나타납니다. 궁전 안에 유령이 나타난다는 소문이 있었지만, 진짜 유령을 마주한 햄릿은 매우 놀랍니다.

아버지 유령은 동생 클로디어스가 자신을 독살했다고 합니다. 햄릿 왕자는 분노하여 클로디어스에게 복수하기 위해 일부러 미친 척을 합니다. 하지만 햄릿도 유령의 말을 무작정 믿은 것은 아니었습니다. 그는 클로디어스의 본심을 확인하기 위해 연극을 이용합니다. 연극의 내용은 클로디어스가 선왕에게 저지른 일을 재현한 것이었습니다.

sentence 201

Doubt thou the stars are fire, doubt that the sun doth move, doubt truth to be a liar, but never doubt I love.

별들이 불꽃인지 의심하고, 태양이 움직인다고 의심하며, 진실이 거짓말이라고 의심해도 좋지만, 내 사랑만은 결코 의심하지 말라.

sentence 202

There is nothing either good or bad, but thinking makes it so.

좋은 것도 나쁜 것도 본래는 없다. 모든 것은 생각하기에 달렸다.

sentence 203

This above all: to thine own self be true, and it must follow, as the night the day, thou canst not then be false to any man.

무엇보다도, 자신에게 진실하라. 그러면 밤이 지나고 낮이 오듯 다른 누구에게도 거짓되지 않게 될 것이다.

sentence 204

To die, to sleep—No more—and by a sleep to say we end the heartache and the thousand natural shocks that flesh is heir to—'tis a consummation devoutly to be wish'd.

죽는 것은 잠자는 것, 그것뿐. 그리고 잠으로써 마음의 고통과 육신이 겪는 수천 가지 자연스러운 충격을 끝낸다고 할 수 있다면—얼마나 간절히 바라던 결말인가!

sentence 205

For who would bear the whips and scorns of time, th' oppressor's wrong, the proud man's contumely, the pangs of despised love, the law's delay, the insolence of office, and the spurns.

누가 그 매질과 멸시의 시간을 참을 수 있겠는가, 억압자의 불의, 거만한 자의 경멸, 무시당한 사랑의 고통, 지연되는 법의 심판, 권력자의 오만함, 그리고 받는 모욕을.

연극을 본 클로디어스는 당황하며 더 이상 극을 보지 않겠다고 자리를 뜹니다. 그의 예민한 반응을 보고 유령의 말이 사실이라는 것을 확인한 햄릿은 복수를 다짐합니다. 복수심에 판단력을 잃은 햄릿은 숨어 있던 폴로니어스를 클로디어스로 착각해 죽여버립니다. 이 사실을 알게 된 폴로니어스의 딸 오필리아는 충격을 받습니다. 오필리아와 햄릿은 서로 사랑했지만, 햄릿은 아버지의 죽음에 대한 복수에 집중해야 했기에 오필리아에게 무심한 척을 해왔습니다. 오필리아는 자신이 사랑하는 햄릿이 아버지를 죽였다는 사실을 받아들이지 못하고 결국 강물에 몸을 던집니다.

한편, 위기를 느낀 클로디어스는 햄릿을 영국으로 보내 죽이려고 계획합니다. 하지만 햄릿은 그의 속셈을 미리 알아채고 덴마크로 돌아옵니다. 그러나 덴마크에는 폴로니어스의 아들이자 오필리아의 오빠인 레어티스가 햄릿을 기다리고 있었습니다. 그는 아버지를 살해하고, 동생을 죽게 만든 원수 햄릿에게 원한을 품고 있었습니다.

sentence 206

Thou wretched, rash, intruding fool, farewell. I took thee for thy better.

비참하고 성급한 참견쟁이여, 안녕! 난 너를 더 나은 사람으로 착각했어.

sentence 207

God hath given you one face, and you make yourself another.

신께서 여성에게 하나의 얼굴을 주셨는데, 여성들은 스스로 또 다른 얼굴을 만들고 있구려.

sentence 208

There are more things in heaven and earth, Horatio, than are dreamt of in your philosophy.

호레이쇼*, 하늘과 땅 사이에는 자네의 철학으로 상상할 수 없는 것들이 더 많이 있다네. (*햄릿의 충직한 하인이다.)

sentence 209

Brevity is the soul of wit.

간결함은 지혜의 정수이다.

sentence 210

One may smile, and smile, and be a villain; at least I'm sure it may be so in Denmark.

사람은 웃고 또 미소 짓지만, 악당일 수도 있지. 적어도 덴마크에서는 그럴 수 있다고 확신하네.

레어티스는 복수를 위해 덴마크에 돌아온 햄릿을 죽이기로 합니다. 마침 클로디어스도 햄릿을 죽일 명분이 필요해 그의 복수를 돕습니다. 왕의 지시에 따라 레어티스는 햄릿과 검술 대결을 합니다. 클로디어스는 햄릿을 확실히 죽이기 위해 결투 중에 햄릿에게 먹일 독주를 준비합니다. 레어티스 역시 칼끝에 독을 묻혔습니다. 그렇게 대결이 시작됩니다.

그러나 햄릿이 마셔야 했던 독주를 우연히 왕비 거트루드가 마시게 됩니다. 어머니의 죽음을 목격한 햄릿은 방심하여 레어티스의 칼에 찔리는데, 경기 도중 서로의 칼이 바뀌었기 때문에 독이 묻은 칼을 피할 수 있었습니다. 반면, 레어티스는 독이 묻은 칼에 찔리는데 죽기 전 클로디어스의 음모를 밝혔고, 햄릿은 클로디어스를 찔러 복수를 했습니다. 칼에 독이 묻었다는 사실을 알게 된 햄릿은 그 칼로 자신도 찌른 후 스스로 숨을 거둡니다. 결국 덴마크의 왕족들은 모두 죽음을 맞이합니다. 덕분에 노르웨이 왕자는 전쟁을 일으킬 필요도 없이 덴마크의 왕위를 얻게 됩니다.

sentence 211

My words fly up, my thoughts remain below. Words without thoughts never to heaven go.

내 말들은 하늘로 올라가지만, 내 생각은 여기에 남아있구나.

생각 없는 말들은 결코 하늘에 닿지 못하리라.

sentence 212

So full of artless jealousy is guilt, it spills itself in fearing to be spilt.

죄책감은 너무나도 서투른 질투로 가득 차서, 드러날까 두려워하며 스스로 드러내고 마는구나.

sentence 213

O, I die, Horatio! The potent poison quite o'ercrows my spirit.

아, 나는 죽어가고 있네, 호레이쇼! 이 강력한 독이 내 영혼을 완전히 압도해 버렸어.

sentence 214

Which dreams indeed are ambition, for the very substance of the ambitious is merely the shadow of a dream.

꿈은 정말 야망이지. 왜냐하면 야망의 본질은 단지 꿈의 그림자일 뿐이니까.

sentence 215

Sir, in my heart there was a kind of fighting that would not let me sleep.

내 마음속에 싸움 같은 것이 있어서 잠을 잘 수가 없었네.

sentence 216

I could be bounded in a nutshell and count myself a king of infinite space.

작은 견과껍질 안에 갇혀 있어도 나 자신을 무한한 공간의 왕이라 생각할 수 있을 텐데.

sentence 217

The Devil hath power T' assume a pleasing shape.

악마는 기분 좋은 모습을 취할 능력이 있으니까.

sentence 218

I am very proud, revengeful, ambitious, with more offences at my beck than I have thoughts to put them in, imagination to give them shape, or time to act them in. What should such fellows as I do crawling between earth and heaven? We are arrant knaves, all. Believe none of us.

나는 매우 교만하고, 복수심에 차 있고, 야망이 가득하며, 내가 생각할 수 있는 것보다 더 많은 죄를 마음에 품고 있소. 그 죄를 구체적으로 상상할 수 있는 상상력도, 그것을 실행할 시간도 없소. 나 같은 자들이 땅과 하늘 사이에서 기어다니며 무엇을 해야겠소? 우리는 모두 철저한 악당이오. 누구도 믿지 마시오.

sentence 219

Give every man thy ear, but few thy voice. Take each man's censure, but reserve thy judgment.

모든 사람의 말에 귀를 기울이되, 적게 말하라. 모든 사람의 비판을 받아들이되, 너의 판단은 유보하라.

《햄릿》은 셰익스피어의 비극 중 가장 널리 알려진 작품입니다. 이 작품은 인물들의 현실 세계와 내면 세계 모두가 갈등과 혼란으로 뒤엉켜 비극적인 상황이 두드러집니다. 셰익스피어는 이와 같은 비극적 상황에서 인물을 차례로 죽음으로 몰아가는데, 결말에서 주인공까지 죽음을 맞는 전개가 극단적이라는 비판을 받기도 합니다. 하지만 햄릿이 죽기까지 나타나는 그의 수많은 고뇌와 그로 인해 펼쳐지는 행위는 많은 생각을 하게 만듭니다.

유령에게 들은 말을 믿어도 되는지, 그리고 복수하는 것이 고귀한 행위인지와 같은 끝없는 질문과 그가 해야 했던 선택들은 햄릿을 보는 우리에게도 갈등을 일으킵니다. 어쩌면 그가 아버지 유령을 만난 그날부터 햄릿은 결국 죽은 것과 다름없는 삶을 산 것인지도 모릅니다. 복수라는 행위를 마음속에 품기 시작한 그 순간부터 그의 정신은 피폐해져 간 것이죠.

"사느냐 죽느냐 그것이 문제로다(To be or not to be, that is the question)."라는 너무나 유명한 햄릿의 대사는 정말 삶과 죽음에 대한 고민이 아니라 어떻게 살아도 괴로운 마음에 대한 한탄이 아니었을까 하는 생각도 듭니다.

이성적인 사고를 위해 끊임없이 노력하면서도 그의 내면에 자리 잡은 우울이라는 감정은 그를 충동적으로 만들기도 했습니다. 그는 클로디어스를 살해할 기회가 여러 번 있었음에도 그 기회를 모두 놓치고 사랑하는 여인의 아버지인 폴로니어스를 죽이게 되죠. 이는 그의 충동적인 행동이 그를 자신도 원하지 않는 방향으로 이끌어감을 보여줍니다.

우울과 이성 사이에서 괴로워하던 햄릿은 도덕적인 딜레마에 빠지기도 합니다. 자신의 복수를 위해 살인을 저지르는 행위에 대해 도덕적으로 정당한지 끊임없이 고민하고, 내적 갈등을 겪습니다. 이 모든 과정은 그의 심리적 복잡성을 심화시켜 결정을 늦추고 갈수록 그를 감정적으로 반응하게 해 자기를 억제하지 못하게 만들죠.

결국 극이 진행될수록 인물들은 하나둘 죽습니다. 동시에 각 인물의 죽음은 한 인간의 죽음 그 자체를 넘어 비극적인 정치와 의식 세계의 죽음을 뜻합니다.

문화뿐만 아니라 정치, 철학 등 많은 것이 변화하던 르네상스 대변혁기를 살아야 했던《햄릿》의 등장인물은 죽음으로 몰리는 혼돈 속에서도 세대를 이어가고자 합니다. 역사는 이러한 죽음을 토대로 이어집니다. 단지 생물학적인 죽음만이 아니라 사회를 구성하는 정치적 성격의 죽음이 존재하기 때문입니다.

수많은 인물의 죽음은 역사의 흐름 속에서 시대의 종말로 자연스럽게 이어집니다. 오롯이 개인으로 존재할 수 없는 시대적 흐름 속에서 자신 혹은 타인과 투쟁하는 인물들의 모습은 지금의 우리와도 다르지 않습니다. 그렇기에 독자들은《햄릿》을 읽고 시대에 저항하지만, 끝내 죽음을 맞는 인간의 생애를 목격하면서 그런 운명에 맞서고자 투쟁하는 인간의 의지를 느낄 수 있습니다.

내 문장 속 셰익스피어

해당 문장은 이 작품의 주제입니다. 영어나 한국어 표현을 보고 자기만의 방식으로 의역하거나 그대로 필사해 보면서 셰익스피어의 명문장을 마음에 새겨 보세요.

sentence 220

Thus conscience does make cowards of us all.

양심은 우리 모두를 겁쟁이로 만드네.

Part. 4

인간의 욕망과 권력에 대하여

배신의 대가: 몰락한 왕의 최후

4-1

King Lear_리어 왕

브리튼의 리어 왕은 80세가 넘자 왕위를 물려주기로 합니다. 그런데 누구에게 물려주어야 할지 고민이었습니다. 리어 왕에게는 딸만 셋이 있었기 때문입니다. 고민 끝에 리어 왕은 자신을 가장 사랑하는 딸에게 왕위를 물려주기로 합니다.

아버지의 의중을 알아챈 첫째 딸 고너릴은 아버지가 자신의 눈빛은 물론 생명과 자유보다 소중하다고 아부합니다. 왕은 처음에는 의심했지만 결국 첫째 딸과 사위에게 나라 일부를 나누어 줍니다. 그러자 둘째 딸 리건이 달려와 아버지를 사랑하는 즐거움에 비하면 다른 모든 기쁨은 없는 것과 같다며 아첨합니다. 기분이 좋아진 왕은 둘째 딸에게도 나라 일부를 나누어 줍니다.

반면, 언니들의 가식이 싫었던 막내딸 코델리아는 자식의 도리로 아버지를 사랑할 뿐이라고 솔직하게 말합니다. 리어 왕은 평소 가장 아낀 막내딸이 무심한 대답을 하자 무척 서운해합니다. 그래도 코델리아는 왕이 단지 자신의 아버지일 뿐이며 자식을 키우고 사랑하셨기에 합당한 도리로 아버지에게 복종했다고 강조합니다. 코델리아는 누구보다도 아버지를 존경한다고도 말했지만 결국 왕은 막내딸의 당돌한 대답에 분노합니다. 리어 왕은 불같이 화를 내며 코델리아의 몫이었던 나머지 영토를 두 딸에게 나눠주고 맙니다. 그리고 하야 후 두 딸의 영지를 차례로 찾아가 기거하겠다고 합니다.

sentence 221

You think I'll weep? No, I'll not weep. I have full cause of weeping, but this heart.

Unhappy that I am, I cannot heave my heart into my mouth. I love your majesty according to my bond, no more no less.

내가 울 것 같으냐? 아니, 나는 울지 않을 것이다. 울 이유는 충분하지만, 이 마음은 그렇지 않다.

제가 불행한 것은, 제 마음을 입에 담을 수 없다는 거예요. 저는 폐하를 제 의무에 따라 사랑합니다. 그 이상도, 그 이하도 아니에요.

sentence 222

Wisdom and goodness to the vile seem vile. Filths savour but themselves.

지혜와 선함도 비열한 자들에게는 비열해 보이는 법. 더러운 자들은 오직 자신만을 좋아하지.

sentence 223

But I am bound upon a wheel of fire, that mine own tears do scald like moulten lead.

나는 불타는 수레바퀴에 묶여 있네. 내 눈물조차 녹은 납처럼 나를 데우고 있네.

sentence 224

Think'st thou that duty shall have dread to speak when power to flattery bows?

권력이 아첨에 굴복할 때, 충성된 마음이 말하기를 두려워할 것이라고 생각하나요?

sentence 225

Those wicked creatures yet do look well-favour'd when others are more wicked. not being the worst stands in some rank of praise.

그 사악한 자들도 다른 이들이 더 사악할 때는 보기 좋게 보이는구나. 최악이 아닌 것만으로도 어느 정도 칭찬을 받을 자리에 있는 것이지.

신하들은 몹시 놀랐으나 누구도 왕에게 솔직하게 충고하지 못했습니다. 켄트 백작만이 코델리아를 두둔하며 그녀가 왕을 사랑하지 않는 게 아니라고 주장했습니다. 하지만 켄트 백작의 소견을 들은 왕은 그를 추방해 버립니다.

한편, 이 일을 계기로 코델리아와 부르고뉴 공작의 혼담이 취소됩니다. 그러나 현명한 프랑스의 왕은 코델리아가 언니들처럼 빈말과 아첨으로 아버지의 사랑을 얻으려 하지 않고 진심으로 아버지를 대했다는 사실을 간파합니다. 그는 코델리아에게 프랑스의 왕비가 되어 언니들보다 더 아름다운 나라를 통치하는 것이 어떻겠냐고 제안합니다. 그러자 코델리아는 아버지와 언니들과 작별하고 프랑스로 떠납니다.

첫째 딸의 영지에 머문 지 한 달이 지나기도 전에, 리어 왕은 딸의 본심을 알아채고 낙담합니다. 그런 리어 왕에게 추방당했던 켄트 백작이 카이어스라는 시종의 모습으로 변장하고 찾아와 왕을 섬기게 해달라고 간청합니다. 왕은 그의 청을 받아들입니다. 카이어스라는 시종으로 변장한 켄트 백작은 첫째 딸 고너릴의 시종이 리어 왕을 건방진 표정으로 대하는 모습을 목격합니다. 카이어스는 시종의 발을 걸어 넘어뜨렸고, 이 일로 리어 왕의 신임을 얻습니다.

sentence 226

When we our betters see bearing our woes, we scarcely think our miseries our foes.

다른 사람이 나보다 더 큰 고통을 견디는 것을 볼 때, 나의 불행이 큰 적으로 여겨지지 않네.

sentence 227

Nothing will can come of nothing.

아무것도 없는 데서는 아무것도 나지 않는다.

sentence 228

I do profess to be no less than I seem—to serve him truly that will put me in trust, to love him that is honest, to converse with him that is wise, and says little, to fear judgment, to fight when I cannot choose, and to eat no fish.

저는 보이는 그대로의 사람입니다. 저를 신뢰하는 사람을 진실하게 섬기고, 정직한 사람을 사랑하며, 지혜롭고 말이 적은 사람과 대화하고, 판단을 두려워하며, 어쩔 수 없을 때만 싸우고, 물고기는 먹지 않습니다*. (*"물고기를 먹지 않는다."라는 부분은 당시 종교적 또는 사회적 관습을 암시한다.)

sentence 229

Have more than thou showest, Speak less than thou knowest, Lend less than thou owest, Ride more than thou goest, Learn more than thou trowest, Set less than thou throwest.

보이는 것보다 더 많이 가지고, 아는 것보다 덜 말하고, 빌린 것보다 덜 빌려주고, 걷는 것보다 더 많이 타고 다니고, 아는 것보다 더 많이 배우며, 던지는 것보다 더 적게 잡아라.

sentence 230

Through tatter'd clothes small vices do appear; robes and furr'd gowns hide all.

누더기는 작은 악행도 쉽게 드러내지만, 비단과 모피로 된 옷은 모든 것을 감추는구나.

날이 갈수록 딸들의 구박이 심해지자 리어 왕은 코델리아의 잘못이 아주 사소한 것임을 깨닫고 후회의 눈물을 흘립니다. 그리고는 두 딸에게 복수하기로 다짐합니다.

충직한 신하 카이어스는 우여곡절 끝에 리어 왕을 도버성으로 데려갑니다. 도버성은 리어 왕을 지지하는 세력이 많아 그의 권력이 조금씩 회복됩니다. 그리고 카이어스는 배를 타고 프랑스로 가 코델리아에게 리어 왕의 상황을 모두 알립니다. 진심으로 아버지를 사랑했던 코델리아는 매우 슬퍼합니다. 그녀는 영국으로 군대를 보내 못된 언니들을 벌해달라고 남편인 프랑스 왕에게 간청합니다. 프랑스 왕은 왕비의 간청에 따라 군대를 보내 도버에 주둔하게 합니다. 비참한 모습으로 코델리아와 재회한 리어 왕은 자신의 어리석음을 용서해달라며 코델리아에게 사과하고 화해합니다.

그런데, 못된 두 딸은 남편을 향한 마음마저 거짓으로 꾸며낸 것이었습니다. 그녀들은 몰래 사랑하는 한 남자가 있었는데, 글로스터 백작의 사생아인 에드먼스였습니다. 그는 적자였던 형 에드거를 속이고 백작의 유산과 지위를 차지한 사악한 인물이었습니다.

그때 갑작스럽게 남편이 죽게 된 둘째 딸 리건이 에드먼스에게 결혼을 청합니다. 첫째 딸 고너릴은 질투심에 불타 동생인 리건을 죽여버립니다. 이 사실이 밝혀지면서 고너릴의 남편 올버니 공작은 아내를 감옥에 가둡니다. 고너릴은 감옥에서 꽃병으로 자살합니다. 이들의 죽음으로 권력을 차지하게 된 글로스터 백작, 에드먼스는 코델리아의 프랑스군을 상대로도 큰 승리를 거둡니다. 이때 코델리아는 포로로 잡혀 감옥에서 죽음을 맞이합니다. 막내딸의 죽음을 알게 된 리어 왕 역시 얼마 후 세상을 떠나고, 충신 카이어스도 왕을 따라 죽게 됩니다.

sentence 231

When we are born, we cry that we are come to this great stage of fools.

우리가 태어날 때, 우리는 이 거대한 바보들의 무대에 올랐다는 이유로 울지.

sentence 232

As flies to wanton boys are we to th' gods. They kill us for their sport.

파리가 장난꾸러기 아이들에게 죽임을 당하듯이, 그들은 우리를 그저 재미로 죽이는구나.

sentence 233

Many a true word hath been spoken in jest.

농담 속에 진실이 많이 담겨 있네.

sentence 234

The weight of this sad time we must obey. Speak what we feel, not what we ought to say.

이 슬픈 시기의 무게를 우리는 받아들여야 하고, 해야 할 말을 하는 대신, 느끼는 대로 말해야 하네.

sentence 235

Thou shouldst not have been old till thou hadst been wise.

지혜로워지기 전까지 늙지 말았어야 했네.

sentence 236

When thou dost ask me blessing, I'll kneel down And ask of thee forgiveness. so we'll live, And pray, and sing, and tell old tales, and laugh.

네가 나에게 축복을 구할 때, 내가 무릎을 꿇고 너에게 용서를 구하겠다. 그렇게 우리는 살면서 기도하고, 노래하고, 옛이야기를 나누며, 웃자꾸나.

sentence 237

How sharper than a serpent's tooth it is to have a thankless child!

감사할 줄 모르는 아이를 기르는 것은 뱀의 이빨보다 더 위험하네.

sentence 238

I am a man More sinned against than sinning.

나는 죄를 지은 것보다 더 큰 죄를 당한 사람이네.

sentence 239

This cold night will turn us all to fools and madmen.

이 추운 밤은 우리 모두를 바보와 미치광이로 만들겠구나.

《리어 왕》은 《햄릿》, 《오셀로》, 《맥베스》와 함께 셰익스피어의 4대 비극으로 불립니다. 4대 비극의 다른 작품들이 인간적 갈등 관계에서 몰락을 초래했다면, 《리어 왕》은 매우 정치적이고 사회적 상황을 묘사합니다.

리어 왕과 딸들의 이야기를 중심으로 흘러가지만, 그들 이상으로 존재감이 강한 인물이 등장하면서 하나의 이야기를 여러 시점으로 서술하는 군상극의 모습을 보입니다. 또, 몇몇 인물의 갈등을 중심으로 하는 전개가 아니라 다양한 인물이 서로 첨예하게 갈등하는 가운데 사건이 전개됩니다. 사건의 배경 또한 여러 영지를 오가며 광활하고 장엄한 느낌을 줍니다.

리어 왕은 영국의 전설적인 국왕으로 영국 문학에서도 종종 등장합니다. 셰익스피어는 다른 문학 작품들과 달리 독자적으로 그를 다루었습니다. 늙은 리어 왕과 세 딸을 둘러싼 이야기는 가족 간의 배신을 통해 인간의 어리석음과 참혹한 결말을 보여줍니다.

극에서는 바보 광대를 통해 이를 암시하는데, 리어 왕이 아끼는 이 광대는 바로 셰익스피어의 페르소나입니다.《리어 왕》속의 인물들은 눈이 있으나 진실을 보지 못하고 신체적 고통을 겪은 후에야 비로소 자신이 놓친 것을 깨닫습니다. 그러나 오직 바보 광대만이 옳고 그른 것을 분별하여 바른말을 합니다.

리어 왕이 이런 비극을 맞게 된 것은 '없음' 뒤에 감추어진 '있음'을 보지 못했기 때문입니다. 보이고 들리는 것만을 믿고 드러나지 않은 것은 존재하지 않는다고 치부하는 단순함이 리어 왕을 죽게 했습니다.

그러나 그의 단순함만으로 그 자체가 단순한 사람이라고 말하기는 어려울 것입니다. 그의 나이를 현실에 놓고 보면 그는 치매를 앓고 있었을지도 모르죠. 나이가 들면서 정신적 쇠퇴를 경험한 그는 변덕스러운 행동과 폭발적인 감정을 보였기에 치매의 증상으로 볼 수도 있을 겁니다.

리어 왕이 눈에 보이는 것만을 믿게 된 출발점은 자기 자신도 제대로 인식하지 못한 채 상황을 바라봤기 때문으로 추측됩니다. 그가 딸에게 배신당한 고통 속에서 "내가 누구인지 말해 줄 자 그 누구인가?"라고 묻는 것도 자신이 누구인지 모르는 혼란스러움을 나타냅니다. 결국 인간은 자기 자신을 바르게 인식할 수 있어야 타인도, 자신을 둘러싼 상황도 인식할 수 있다는 것을 셰익스피어는 말하고 싶었을 겁니다.

누구나 가식과 아부, 아첨에 현혹될 수 있고 그것을 활용해 살아가기도 합니다. 때로는 코델리아처럼 진실한 말을 해서 피해를 보기도 하고요. 그러나 《리어 왕》의 인물들처럼 눈을 가린 채 살아갈 수만은 없습니다. 있는 그대로의 자기 모습을 발견하고, 반성하고, 고민한다면 삶이 아름답지 않을까요.

♛ 내 문장 속 셰익스피어

해당 문장은 이 작품의 주제입니다. 영어나 한국어 표현을 보고 자기만의 방식으로 의역하거나 그대로 필사해 보면서 셰익스피어의 명문장을 마음에 새겨 보세요.

sentence 240

Time shall unfold what plighted cunning hides, who covers faults at last with shame derides.

시간이 지나면 교활한 속임수가 드러날 거야. 잘못을 덮으려는 자들은 결국 그 잘못이 그들을 부끄럽게 하겠지.

질투의 덫: 장군의 비극적 몰락

4-2

Othello_오셀로 ♛

무어인이었던 오셀로는 전쟁에서 많은 공을 세워 신임받는 군위장 지위에 올랐습니다. 그는 우연히 베니스 공국의 원로인 브러밴쇼의 딸 데스데모나와 사랑에 빠집니다. 브러밴쇼는 오셀로가 흑인이라는 이유로 반대하지만, 둘은 몰래 결혼합니다.

한편, 오셀로는 자신의 부하이자 가장 친한 친구인 캐시오를 부관으로 임명합니다. 그러자 오셀로의 기수 이아고는 부관 자리를 캐시오에게 빼앗겼다고 생각해 앙심을 품습니다. 이아고는 결국 오셀로와 캐시오에게 복수를 결심합니다.

이아고는 데스데모나를 짝사랑하던 로더리고와 손을 잡습니다. 그들은 오셀로를 속여 캐시오를 몰아내기로 합니다. 우선 이아고는 데스데모나의 아버지인 브러밴쇼에게 데스데모나와 오셀로가 몰래 결혼하여 함께 살고 있다고 알립니다. 브러밴쇼는 분노했지만 딸이 오셀로를 너무나 깊이 사랑하고 있어 어쩔 수 없이 결혼을 승낙합니다.

sentence 241

For she had eyes and chose me.

그녀는 눈이 있었고 나를 선택했네.

sentence 242

Men in rage strike those that wish them best.

분노에 찬 사람은 자신을 가장 아끼는 사람에게 화풀이를 하기도 하지.

sentence 243

Reputation is an idle and most false imposition, oft got without merit and lost without deserving. You have lost no reputation at all unless you repute yourself such a loser.

명예란 쓸모없고 가장 허황된 개념이지. 자격 없이 얻는 경우가 많고, 이유 없이 잃기도 하네. 자네가 자신을 패배자로 여기지 않는 한, 자네는 명예를 잃지 않을 것이네.

sentence 244

Our bodies are our gardens, to the which our wills are gardeners.

우리의 몸은 정원이고, 우리의 의지는 그 정원을 가꾸는 정원사입니다.

sentence 245

If the balance of our lives had not one scale of reason to poise another of sensuality, the blood and baseness of our natures would conduct us to most prepost'rous conclusions.

삶의 저울에 이성이 감정을 다스리는 저울추로 존재하지 않는다면, 우리의 피와 천박한 본성이 우리를 가장 터무니없는 결론으로 이끌 것입니다.

투르크 함대가 키프로스 섬으로 향한다는 급보를 받은 오셀로는 섬을 수비하기 위해 아내 데스데모나를 데리고 키프로스로 출발합니다. 얼마 후, 오셀로가 전쟁에서 승리하고 돌아오자 이아고는 캐시오를 꾀어 술을 마시게 합니다. 캐시오의 나쁜 술버릇을 미리 알고 일부러 소동을 일으키려 한 것입니다.

캐시오의 소동을 안 오셀로는 매우 화를 내며 캐시오를 부관

직책에서 파면합니다. 이아고는 캐시오를 찾아가 데스데모나를 통해 오셀로에게 복직을 부탁하라고 설득합니다. 캐시오는 그 말대로 데스데모나에게 찾아가 자신의 사죄를 오셀로에게 전해 달라고 부탁합니다. 그때 캐시오와 데스데모나가 있는 곳으로 오셀로가 다가오고 캐시오는 황급히 방에서 빠져나갑니다.

모든 것은 이아고의 계략이었습니다. 오셀로에게 캐시오와 데스데모나가 밀애 중이라는 거짓 보고를 하기 위해서였습니다. 이아고는 자신의 말을 믿지 않는 오셀로에게 얼마 전 아내에게 선물한 손수건을 확인해 보라고 이릅니다. 이아고는 미리 자신의 아내 에밀리아에게 데스데모나의 손수건을 훔치게 했고, 그 손수건을 캐시오의 방에 떨어트려 두었습니다. 오셀로는 이아고의 말대로 데스데모나에게 손수건을 보여달라고 하지만, 그녀는 손수건을 보여주지 못합니다. 배신감에 사로잡힌 오셀로는 이아고의 말을 믿게 됩니다.

sentence 246

She loved me for the dangers I had passed, and I loved her that she did pity them.

그녀는 내가 겪은 위험들을 사랑했고, 나는 그녀가 그 위험을 불쌍히 여기는 모습에 사랑을 느꼈네.

sentence 247

Excellent wretch! Perdition catch my soul But I do love thee! And when I love thee not chaos is come again.

사랑스러운 악녀여! 내 영혼이 멸망할지라도 나는 그대를 사랑하오! 그리고 내가 그대를 사랑하지 않게 되는 날, 혼돈이 다시 올 것이오.

sentence 248

How poor are they that have not patience!

인내심이 없는 자들은 얼마나 불쌍한가!

sentence 249

Trifles light as air are to the jealous confirmations strong. As proofs of holy writ.

가벼운 사소한 일도 질투에 빠진 사람에게는 성서의 증거만큼 강력한 확신이 되지.

sentence 250

It is silliness to live when to live is torment, and then have we a prescription to die when death is our physician.

사는 일이 고통일 때 사는 건 어리석은 짓이지. 그때는 죽음이 우리의 의사일 때, 죽는 것이 처방이지.

게다가, 오셀로는 캐시오가 데스데모나의 손수건으로 땀을 닦는 것까지 목격합니다. 아내와 캐시오가 밀애 중이라는 확신이 들자 그는 증오심을 참지 못하고 이아고에게 캐시오를 죽이라고 합니다. 그리고 자신은 데스데모나를 죽이기로 결심합니다.

기회를 잡은 이아고는 오셀로를 증오하는 로더리고에게 캐시오를 죽이도록 합니다. 그런데, 이아고의 계획과는 달리 로더리고가 캐시오와의 싸움에서 패배합니다. 이아고는 자신의 계략이 발각될 것이 염려되어 로더리고를 죽이고는 모른 척 부상당한 캐시오를 돕습니다.

깊은 밤, 데스데모나는 오셀로보다 먼저 잠이 듭니다. 차마 아내를 칼로 벨 수 없었던 오셀로는 입을 맞추는 척하며 아내의 목을 조릅니다. 그 모습을 에밀리아와 캐시오가 보게 됩니다. 그러자 오셀로는 그동안 이아고가 했던 모든 이야기를 털어놓습니다. 에밀리아와 캐시오는 자신들이 알고 있는 것을 말해주며 오셀로의 오해를 풀어줍니다. 이를 지켜보던 이아고는 아내 에밀리아를 찔러 죽이고 도망가다 붙잡힙니다. 진실을 알게 된 오셀로는 후회와 슬픔에 고통스러워하며 자기 목을 찔러 자결하고 이아고는 잔혹하게 처형당합니다.

sentence 251

I kissed thee ere I killed thee. No way but this, Killing myself, to die upon a kiss.

내가 너를 죽이기 전에 키스했지. 이 길밖에 없어. 키스로 끝맺으며 나도 죽는다.

sentence 252

Unkindness may do much, and his unkindness may defeat my life, but never taint my love.

냉대는 많은 것을 해칠 수 있지만, 그의 냉대가 내 목숨을 앗아갈 수는 있어도, 내 사랑을 더럽힐 수는 없어요.

sentence 253

If after every tempest come such calms, May the winds blow till they have waken'd death.

모든 폭풍 후에 이런 고요함이 찾아온다면, 바람이 불어 죽음을 깨울 때까지 계속 불기를 바라오.

sentence 254

So will I turn her virtue into pitch and out of her own goodness make the net that shall enmesh them all.

나는 그녀의 미덕을 검은 타르로 변하게 할 것이고, 그녀의 선함으로 그들을 모두 사로잡을 그물을 만들겠소.

sentence 255

I am one, sir, that comes to tell you your daughter and the Moor are now making the beast with two backs.

저는 당신의 딸과 무어인이 두 개의 등을 가진 짐승을 만들고 있다는 것을 알려주러 온 사람입니다.

sentence 256

Reputation, reputation, reputation! Oh, I have lost my reputation! I have lost the immortal part of myself, and what remains is bestial.

명예, 명예, 명예! 오, 나는 내 명예를 잃었어! 내 불멸의 일부를 잃었고, 남은 것은 야수적 본능뿐이구나.

sentence 257

Look to her, Moor, if thou has eyes to see. She has deceived her father, and may thee.

잘 지켜보시오, 무어인이여, 볼 수 있는 눈이 있다면 말이오. 그녀가 그녀의 아버지를 속였으니, 그대도 속일 수 있소.

sentence 258

You told a lie, an odious, damnèd lie. Upon my soul, a lie, a wicked lie.

당신은 거짓말을 했어, 끔찍하고 저주받을 거짓말을. 내 영혼을 걸고 말하지만, 악랄한 거짓말이었어.

sentence 259

It is the very error of the moon, she comes more nearer earth than she was wont and makes men mad.

이것은 달의 오류일 뿐이오. 달이 평소보다 더 지구에 가까이 다가와 사람들을 미치게 하는 것이오.

《오셀로》는 인간 내면에 감춰진 의심과 환상이 부른 사랑의 비극을 보여줍니다. 작품의 제목이자 주인공인 '오셀로'는 데스데모나와 사랑에 빠지지만 자기 내면의 목소리와 외부의 환경에 이끌려 그녀를 살해합니다. 이러한 선택이 오셀로를 죄책감으로 떠밀고 스스로 목숨을 끊게 하여 강렬한 결말을 만듭니다.

《오셀로》는 실재와 겉모습 사이 간극에서 빚어진 오해가 파국을 초래하는 과정을 정교하게 다루며 오늘날까지 자주 공연되는 희곡 중 하나입니다.

셰익스피어를 연구하는 학자들은 극 중 대립하는 요소에 주목합니다. 의도적으로 조성되는 대립, 진실과 거짓을 가리는 판단이 교차하는 순간 혼란이 시작된다고 보았습니다. 특히 이 작품의 극적 구조는 대조적인 개념과 밀접하게 관련되어 있습니다. 사랑과 증오, 혼돈과 조화 등 이원적인 주제 역시 그렇습니다. 그래서 오셀로의 굳건해 보이는 사랑마저 그가 추구하는 정의와 대립하며 작품의 후반부에서는《오셀로》의 비극적 의미와 효과를 파악하는 중요한 요인으로 작용합니다.

셰익스피어가 추구하는 정의란 무엇이었던 걸까요. 오셀로가 정의를 추구했다면 왜 비극적인 결말로 이어졌던 걸까요. 그의 정의는 자신을 위한 정의였기 때문일 겁니다. 오셀로가 진정 정의로운 사람이었다면 한 사람의 말만 듣고 모든 것을 판단하지 않았겠죠. 확실한 증거와 모든 인물의 말을 들어본 후에 결정했을 겁니다. 그러나 그는 오해에 빠져 온전히 자기중심적인 정의를 실현하려 했고, 그 결과 사실을 있는 그대로 보지 못한 채 모든 것을 파멸로 이끌고 갔습니다.

질투로 인한 행동을 정의로운 행동으로 오판한 것도, 그 본

질을 정확히 알지 못한 채 자신을 위한 정의를 실현하려 하다 일어난 일이었습니다. 즉, 자신의 질투를 정당화하기 위해 이아고의 말에만 의존하는 확증 편향에 빠지게 된 것이죠. 진실을 깊이 들여다보지 않고 나의 믿음만으로 무언가를 선택한다면 우리는 오셀로와 같이 자신의 의도와는 반대되는 결과를 초래하고 말 것입니다.

이아고는 뛰어난 심리조작가로 오셀로의 불안과 질투를 교묘하게 자극하여 그의 파멸을 계획했습니다. 그는 인간의 본성에 대해 냉소적인 관점을 가지며 이 계획을 착실히 실행해 나갔습니다.

현실에도 이아고처럼 세상을 냉철하게 바라보며 자기의 이익을 위해 사람들을 조종하려는 사람들이 있습니다. 오셀로처럼 질투에 눈이 멀어 현실을 제대로 보지 못해서는 안 되며, 이아고처럼 누군가의 불안한 심리를 이용해 나의 이익으로 취해도 안 됩니다. 셰익스피어는 복잡한 인간의 심리를 이해하고, 인간의 다층성을 파악함으로써 우리가 외부 영향에 쉽게 흔들리지 않기를 바랐는지도 모릅니다.

♛ 내 문장 속 셰익스피어

해당 문장은 이 작품의 주제입니다. 영어나 한국어 표현을 보고 자기만의 방식으로 의역하거나 그대로 필사해 보면서 셰익스피어의 명문장을 마음에 새겨 보세요.

sentence 260

When remedies are past, the griefs are ended by seeing the worst, which late on hopes depended. To mourn a mischief that is past and gone.

이미 해결할 수 없는 일이라면, 더 이상 슬퍼할 필요는 없소. 이미 지나간 과거를 슬퍼하는 것은 무의미하오.

권력의 대가: 범죄와 공포의 종말

4-3

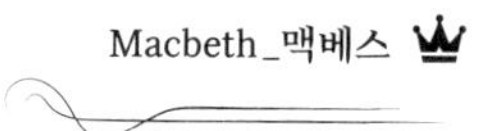

스코틀랜드의 던컨 왕은 최근 노르웨이와 결탁한 반란군 때문에 고민이었습니다. 다행히 뛰어난 장군 맥베스와 뱅쿠오 덕분에 반란군을 쉽게 제압할 수 있었습니다. 던컨 왕은 매우 기뻐하며 반역자의 영지였던 코더를 맥베스에게 하사합니다.

한편, 승전보를 가지고 돌아오던 맥베스와 뱅쿠오는 마녀 셋을 만납니다. 그들은 맥베스와 뱅쿠오에게 깜짝 놀랄 만한 예언을 합니다. 맥베스는 코더 영주가 될 것이고 나아가 왕이 되며, 뱅쿠오의 자손은 대대손손 왕이 될 것이라고 말입니다. 마녀의 예언대로 코더 영지를 하사받은 맥베스는 야심을 품습니다. 이 사실을 알지 못했던 던컨 왕과 말컴 왕자는 맥베스의 공로를 치하하기 위해 그의 영지에서 하룻밤을 머물기로 합니다. 그러나 그것은 큰 실수였습니다.

sentence 261

By the pricking of my thumbs, something wicked this way comes.

내 손톱이 저리는 걸 보니, 뭔가 사악한 것이 다가오고 있어.

sentence 262

The way to dusty death. Out, out, brief candle!

먼지로 사라지는 죽음으로 가는 길이군. 꺼져라, 꺼져라, 짧은 촛불이여!

sentence 263

Life's but a walking shadow, a poor player that struts and frets his hour upon the stage and then is heard no more.

인생이란 환영에 불과하며, 무대 위에서 잠시 허세를 부리고 안달하다가 더 이상 들리지 않게 되는 가련한 배우일 뿐이니.

sentence 264

It is a tale told by an idiot, full of sound and fury, signifying nothing.

그것은 어리석은 자가 지껄이는 이야기로, 소리와 분노로 가득 차 있지만, 아무 의미도 없는 것이지.

sentence 265

Stars, hide your fires; let not light see my black and deep desires.

별들아, 너희의 불을 숨겨라. 빛이 나의 검고 깊은 욕망을 보지 못하게 하여라.

맥베스 부인은 마녀들의 예언과 전후 사정을 편지로 전해 듣고 남편에게 왕을 죽이고 왕위에 오르라고 권합니다. 부인의 권유에 맥베스는 밤중에 던컨 왕을 살해하고 호위병들에게 죄를 덮어씌워 죽여버립니다. 말컴을 비롯한 왕자들은 모두 도망쳤습니다. 그러자 던컨 왕의 후임으로 맥베스가 지명되어 즉위식을 치릅니다. 그런데, 무슨 일인지 동료 맥더프는 즉위식에 참석하지 않고 자기 영지로 돌아갔다가 잉글랜드로 망명합니다.

맥베스와 함께 마녀들의 예언을 들었던 뱅쿠오 역시 급히 자기 영지로 돌아가려 합니다. 그러나 맥베스는 뱅쿠오의 후손들이 두려워 자객을 보내 그를 죽이려고 합니다. 뱅쿠오는 살해당하고, 그의 아들은 자객들에게서 달아나 목숨을 건집니다.

맥베스는 연회에서 뱅쿠오의 유령을 목격하고는 매우 놀라 연회를 어수선하게 끝마치고 맙니다. 맥베스는 왕이 되었지만 하루도 마음이 편할 날이 없어 그에게 예언을 해줬던 마녀를 찾아갑니다.

sentence 266

Give sorrow words. The grief that does not speak whispers the o'erfraught heart and bids it break.

슬픔을 말로 표현하라. 말하지 않는 슬픔은 과도하게 상처 입은 마음을 엮어버리고, 마음이 부서지게 만든다.

sentence 267

Look like th' innocent flower, but be the serpent under 't.

순수한 꽃처럼 보이지만, 그 아래 숨어 있는 뱀처럼 행동하세요.

sentence 268

What's done cannot be undone.

이미 벌어진 일은 되돌릴 수 없어요.

sentence 269

Fair is foul, and foul is fair, hover through the fog and filthy air.

아름다운 것은 추하고, 추한 것은 아름답다: 안개와 더러운 공기를 가로질러 떠다니자.

sentence 270

False face must hide what the false heart doth know.

그대의 배신자 같은 마음을 거짓된 얼굴 뒤에 감춰야 하오.

마녀들은 그에게 새로운 예언을 세 가지 합니다. 맥더프를 조심하라, 여자가 낳은 자는 맥베스를 해치지 못한다, 던시네인으로 공격해 오지 않는 한 맥베스는 안전할 것이다.

예언을 들은 맥베스는 안심하여 돌아가지만 잉글랜드로 망명한 맥더프를 견제합니다. 맥베스는 결국 그의 영지로 군사를 보내 가족들을 몰살합니다. 그 무렵, 잉글랜드에서 재회한 말컴 왕자와 맥더프는 잉글랜드 왕 에드워드에게 시워드 장군과 군사를 빌려 스코틀랜드로 진격합니다.

맥베스는 마녀들의 예언을 굳게 믿어 아무도 자신을 해치지 못할 것이라고 자신합니다. 그 가운데 몽유병을 앓던 맥베스 부인은 죽어 버립니다. 잉글랜드 군대는 수도인 던시네인 부근 숲에서 나뭇가지를 이용해 위장한 채로 진군합니다. 예언을 떠올린 맥베스는 적군을 물리치기 위해 용맹하게 싸우지만 패배합니다. 맥더프는 어머니의 배를 스스로 가르고 태어나 여자가 낳은 자가 아니었기 때문입니다. 결국 맥베스는 맥더프의 손에 죽고, 던컨 왕의 아들 말컴 왕자가 즉위합니다.

sentence 271

When shall we three meet again? In thunder, lightning, or in rain?

When the hurly-burly's done, when the battle's lost and won.

우리 셋은 언제 다시 만나게 될까? 천둥이 치고, 번개가 치고, 비가 내릴 때?

전투가 끝나고 전투에서 패배하고 승리할 때.

sentence 272

Double, double, toil and trouble, fire burn, and cauldron bubble!

두 배로, 두 배로, 수고와 혼란을, 불은 타오르고, 가마솥은 끓어올라라!

sentence 273

Come what come may, time and the hour run through the roughest day.

올 것이 오든 말든, 시간은 흐르고, 가장 험난한 날도 지나가겠지.

sentence 274

Confusion now hath made his masterpiece.

혼돈이 이제 그 최고의 걸작을 완성했구나.

sentence 275

Macduff was from his mother's womb untimely ripped.

나 맥더프는 어머니의 태에서 제때 태어난 것이 아니라, 스스로 가르고 태어난 것이다.

sentence 276

So foul and fair a day I have not seen.

이렇게 사나우면서도 좋은 날은 본 적이 없구나.

sentence 277

Will all great Neptune's ocean wash this blood clean from my hand? No, this my hand will rather The multitudinous seas incarnadine, making the green one red.

거대한 바다가 이 피를 내 손에서 씻어낼 수 있을까? 아니, 내 손이 오히려 이 초록 바다를 피로 붉게 물들이겠지.

sentence 278

To prick the sides of my intent, but only vaulting ambition, which o'erleaps itself and falls on th' other.

내 의도를 자극하는 것은 없으니, 오직 뛰어넘는 야망뿐. 그것은 스스로를 너무 뛰어넘어 반대편으로 떨어지고 마는구나.

sentence 279

Though all things foul would wear the brows of grace, yet grace must still look so.

비열한 자들이 은혜로운 외모를 하고 있을지라도, 은혜는 여전히 은혜로 보여야 하오.

《맥베스》는 스코틀랜드 국왕 막 베하드의 일생을 다룬 셰익스피어의 4대 비극 중 하나입니다. 욕망을 품은 인간이 서서히 타락하다 선을 넘어 파멸하는 작품들의 원조라고 평가받습니다. 동시에, 이 작품만의 차별점이 있습니다. 바로 다른 비극과 달리 인물이 스스로 비극을 만든다는 점입니다.

《로미오와 줄리엣》은 두 가문 사이의 원한이, 《햄릿》은 아버지를 위한 복수가, 《리어 왕》은 왕의 어리석음과 딸들의 욕심이 비극의 원인입니다. 《오셀로》 역시 이아고의 계략으로 비극이 일어납니다. 하지만 《맥베스》의 비극의 근원은 다릅니다.

극 초반, 맥베스에게는 야심이 있지만 이를 실행할 사악함이 없다고 맥베스 부인이 말합니다. 맥베스는 요행을 바라고 욕심이 많지만 남을 해칠 수 있는 악한 사람은 아니었습니다. 평범한 인간이 가질 법한 욕심을 가졌을 뿐이었던 것입니다. 그러나 마녀의 예언을 들은 후로 상황이 바뀝니다.

맥베스 부인은 남편에게 살인을 종용했고, 맥베스는 왕위에 오르기 위해 살인을 저지르며 점점 편집증에 시달리죠. 이후 죄책감으로 인해 환각까지 경험합니다. 맥베스 부인 또한 그녀의 죄책감을 해소하기 위해 손을 씻는 행위를 반복합니다. 결국 그들은 순간의 욕심으로 스스로를 끔찍한 지옥 속으로 몰아넣은 것이죠.

한편, 맥베스를 비극으로 이끈 것이 마녀라고 보는 견해도 있습니다. 맥베스가 마녀들의 말이 아니었다면 그렇게까지 비극을 맞진 않았을 거란 거죠. 하지만 마녀들은 극 중에서 거의 등장하지 않습니다. 마녀들의 말이 맥베스를 자극하긴 했지만 그가 그냥 넘겼으면 될 일이었죠. 하지만 그의 내면에는 자신도 인지하지 못했던 욕망이 존재했고, 그 욕망을 조절하지 못한 건 그 자신입니다. 어쩌면 마녀의 존재 자체도 그의 내면에 있던 마음의 결과일지도 모르죠.

결국 그 욕망은 걷잡을 수 없이 불어나 스스로의 욕망을 충족하다가 죄를 짓기에 이릅니다. 맥베스와 맥베스 부인은 죄를 지었지만 그들의 마음은 죄책감을 이겨내지 못합니다. 죄를 짓고 살아갈 수 없게 된 그들의 모습은 한편으로 가장 비극적으로 여겨지기도 합니다. 운명은 어쩔 수 없는 것이라지만, 스스로가 한 선택이 초래한 결과는 가장 무거운 것이니까요.

이는 현대 사회에서 성공에 대한 강한 욕망으로 인해 사람들이 윤리적인 기준을 무시하고, 법적 혹은 도덕적 규칙을 어기게 되는 상황에 빗대어 볼 수 있습니다. 이런 상황은 성공이 주는 보상이 크다고 믿을수록 개인이 더 큰 위험을 감수하고 윤리적 갈등을 경험하게 되는 인지 부조화(cognitive dissonance)와 연결됩니다.

맥베스는 자신의 죄책감을 억누르려 하지만, 끝내 그 죄책감에 의해 무너지고 맙니다. 이는 현대인이 자신의 욕망을 충족시키기 위해 도덕적 기준을 무시하고 목표를 달성한 후에도 불안, 스트레스, 심리적 고통을 겪는 과정을 반영합니다.

여러분은 맥베스의 이야기를 어떻게 생각하나요? 맥베스와 그 부인은 악한 사람이라 마녀들의 말에 홀려 자신의 욕망을 감당하지 못해 비극적인 죽음을 초래한 걸까요? 아니면 자신의 악행에 죄책감을 느끼는 인물들이니 마녀들의 꾐에 넘어간 안타까운 사람일까요? 어쩌면 셰익스피어는 맥베스를 통해 달콤한 욕망에 넘어가 자신을 속이지 말고, 정정당당하고 떳떳하게 살아가라는 말을 하고 싶었던 건 아닐까요. 듣기 좋은 말만 듣고 싶은 것이 당연하겠지만, 꾐에 넘어가 욕망에 사로잡히지 말고 주어진 하루하루를 소중하게 여기며 살아가길 바라면서요.

♛ 내 문장 속 셰익스피어

해당 문장은 이 작품의 주제입니다. 영어나 한국어 표현을 보고 자기만의 방식으로 의역하거나 그대로 필사해 보면서 셰익스피어의 명문장을 마음에 새겨 보세요.

sentence 280

Your cause of sorrow must not be measured by his worth, for then It hath no end.

그의 가치를 기준으로 슬픔을 헤아리면 안 됩니다. 그렇다면 그 슬픔에는 끝이 없을 테니까요.

부록

소네트

오늘은 이러고 있지만,
내일은 어떻게 될지 누가 알아요?

사느냐, 죽느냐 그것이 문제라면 – 셰익스피어의 소네트

오늘날의 모든 서사가 따르는 기본적인 기술을 정립했으며 희곡을 비롯한 여러 장르를 섭렵한 천재. 제목만 남은 작품을 포함해 희곡 38편, 소네트 154편, 그리고 장시 2편 등이 전해지는 전설적인 작가. 이 작가가 바로 셰익스피어입니다.

셰익스피어는 희곡뿐만 아니라 언어로 구성되는 모든 것에 통달했습니다. 하지만 많은 사람이 그의 희곡 작품은 알아도 그가 100편이 넘는 시를 썼다는 사실은 잘 알지 못합니다. 셰익스피어의 시는 "소네트"라고 불리는데, 서양에서는 우리나라의 시조와 비슷한 위치라고 할 수 있습니다.

sentence 281

This thou perceivest, which makes thy love more strong,

To love that well which thou must leave ere long.

그것을 네가 깨달아, 네 사랑이 더 강해지네.

곧 떠나야 할 것을 더욱 사랑하게 되니.

sentence 282

Shall I compare thee to a summer's day?

Thou art more lovely and more temperate.

내가 그대를 한여름의 날에 비유할 수 있을까?

그대는 더 사랑스럽고, 더 온화하다.

sentence 283

Let me not to the marriage of true minds

Admit impediments.

진정으로 사랑하는 사람과의 결혼에는

방해가 있음을 허락하지 않으리라.

sentence 284

When, in disgrace with fortune and men's eyes,

I all alone beweep my outcast state.

운명과 사람들의 눈에 버림받았을 때,
나 혼자 내쫓긴 신세를 눈물로 한탄하네.

sentence 285

My love is as a fever, longing still
For that which longer nurseth the disease,
Feeding on that which doth preserve the ill,
The uncertain sickly appetite to please.

내 사랑은 마치 열병과 같아, 여전히 갈망하네
열병을 더 키우는 그 대상을,
병을 키우는 그것으로 스스로를 채우며,
병든 불확실한 욕망을 만족시키려 하네.

소네트는 르네상스 초기의 이탈리아의 시 형식인 칸초네를 토마스 와이엇이 잉글랜드로 들여온 것입니다. 그 뒤로 14행시 5음보 정형시인 소네트가 자리 잡으면서 잉글랜드의 모든 작가가 소네트를 쓰기 시작했습니다. 소네트는 곧 문학과 같은 수준으로 취급되었습니다. 이때의 소네트는 페트라르카식 소네트로 처음부터 끝까지 사랑하는 연인을 찬미하는 내용이었기 때문에 시간이 지나면서 식상한 표현들이 다수를 차지합니다.

셰익스피어는 점차 인기가 식어가던 소네트에 참신한 내용을 담았고, 소네트는 다시 유행하기 시작했습니다. 그는 원래 소네트와 다른 내용을 담기 위해 자신만의 소네트 형식을 만들었는데, 현재는 이런 소네트들을 따로 분류하여 셰익스피어식 소네트라고 부르고 있습니다.

sentence 286

But thy eternal summer shall not fade,
Nor lose possession of that fair thou ow'st.

그러나 그대의 영원한 여름은 시들지 않을 것이며,
그대가 가진 그 아름다움도 잃지 않을 것이다.

sentence 287

Not marble, nor the gilded monuments
Of princes, shall outlive this powerful rhyme.

대리석도, 황금으로 장식된
왕자들의 기념비도 이 강력한 시를 능가하지 못하리.

sentence 288

From fairest creatures we desire increase,

That thereby beauty's rose might never die,

But as the riper should by time decease,

His tender heir might bear his memory.

가장 아름다운 존재들에게 우리는 번영을 바라네,

그리하여 아름다움의 장미가 결코 시들지 않도록.

그러나 성숙한 자가 시간이 흘러 죽으면,

어린 후손이 그의 기억을 이어가리라.

sentence 289

When forty winters shall beseige thy brow

And dig deep trenches in thy beauty's field,

Thy youth's proud livery, so gazed on now,

Will be a tatter'd weed, of small worth held.

마흔 번의 겨울이 그대의 이마를 공격하여

아름다운 들판에 깊은 주름을 새긴다면,

지금 사람들이 감탄하는 그대의 젊음의 화려한 옷은

낡고 해진 누더기가 되어, 하찮게 여겨지리라.

sentence 290

Thou art thy mother's glass, and she in thee

Calls back the lovely April of her prime.

그대는 어머니의 거울이니, 어머니는 그대를 보며

자신의 젊고 아름다웠던 4월을 다시 불러오네.

셰익스피어의 소네트 역시 연인에 대한 찬미가 주된 내용을 이룹니다. 그러나 결정적인 차이점은 그의 소네트에는 논리성이 존재한다는 것입니다. 맹목적으로 연인의 아름다움을 찬양했던 대부분의 페트라르카식 소네트와 달리, 셰익스피어는 연인의 아름다움을 찬양하는 데도 각각의 형식을 나누어 철학적으로 설득했습니다. 오늘날, 이는 논리와 예술을 종합하려는 최초의 시도로 평가받습니다.

셰익스피어의 소네트에서는 ABAB 형태의 4행이 세 번 반복되면서 시인의 시적 진술이 점차 발전해 나갑니다. 그리고 마지막 2행에서 결론을 내립니다. 따라서 셰익스피어의 소네트는 기승전결의 구조를 갖춘 이탈리아의 소네트보다 설득력을 갖춘 오묘한 시의 구성을 이루었습니다.

sentence 291

Then how, when nature calls thee to be gone,

What acceptable audit canst thou leave?

Thy unused beauty must be tomb'd with thee,

Which, used, lives th' executor to be.

그러니, 자연이 그대를 부를 때,

그대는 어떤 만족스러운 결산을 남길 수 있을까?

사용하지 않은 그대의 아름다움은 그대와 함께 무덤에 묻히겠지만,

사용한 그것은 후계자가 되어 계속 살아가리라.

sentence 292

Those hours, that with gentle work did frame

The lovely gaze where every eye doth dwell.

그 시간들은, 부드러운 손길로 만들어냈네

모든 시선이 머무는 그 아름다운 모습을.

sentence 293

But flowers distill'd though they with winter meet,

Leese but their show; their substance still lives sweet.

하지만 시든 꽃은, 비록 겨울을 맞이해도,

겉모습만 잃을 뿐, 그 본질은 여전히 향기롭게 살아있네.

sentence 294

O, lest the world should task you to recite

What merit lived in me, that you should love

After my death, dear love, forget me quite.

아, 세상이 그대에게 묻기를,

내가 어떤 가치를 지녔기에 그대가 내 죽음 후에도 사랑하느냐고 할까 두려워,

사랑하는 이여, 내 죽음 후에는 나를 완전히 잊어주오.

sentence 295

That you for love speak well of me untrue,

My name be buried where my body is,

And live no more to shame nor me nor you.

사랑 때문에 그대가 진실하지 않은 나를 좋게 말하지 않도록,

내 이름이 내 몸과 함께 묻히고,

더 이상 나도 그대도 부끄럽게 하지 않기를.

sentence 296

Lo! in the orient when the gracious light
Lifts up his burning head, each under eye
Doth homage to his new-appearing sight,
Serving with looks his sacred majesty.

보라! 동쪽에서 은혜로운 빛이
타오르는 머리를 들어 올릴 때, 모든 눈이
새롭게 떠오른 그 빛에 경의를 표하며,
숭고한 위엄을 시선으로 섬기네.

sentence 297

So long as men can breathe or eyes can see,
So long lives this, and this gives life to thee.

사람들이 숨 쉬고 눈으로 볼 수 있는 한,
이 시는 영원히 살아 그대에게 생명을 주리.

sentence 298

O thou, my lovely boy, who in thy pow'r
Dost hold time's fickle glass his sickle hour.

오, 사랑스러운 소년이여, 그대는

시간의 변덕스러운 모래시계와 그의 낫 같은 시간을 손에 쥐고 있구나.

sentence 299

But be contented: when that fell arrest
Without all bail shall carry me away,
My life hath in this line some interest,
Which for memorial still with thee shall stay.

그러니 만족하시오: 그 냉혹한 체포가
모든 보석 없이 나를 데려갈 때,
내 삶은 이 글 속에 일부 남아있으니,
그것이 기억으로 그대 곁에 남을 것이오.

오늘날 셰익스피어는 그가 살아있을 때보다 더 유명합니다. 《햄릿》은 75개 이상의 언어로 번역되거나 공연되었고, 《맥베스》와 《리어 왕》 등의 여러 연극이 블록버스터 영화로 다시 태어났습니다. 그리고 오늘날 셰익스피어의 희곡은 우리나라를 비롯한 많은 국가의 영문학 수업에서 배우고 있습니다.

전 세계 대학의 영문학과 수업에서는 셰익스피어의 소네트를 집중적으로 배우는데, 단순히 내용만이 아닌 그 역사와 형식까지 가르친다고 합니다. 이처럼 셰익스피어는 세계적인 인지도를 갖추었으며 특히 영문학도나 연극배우들에게는 전설적인 존재입니다. 세상의 모든 야망 있는 연극배우들은《햄릿》역할에 캐스팅되어 무대에 서기를 소망합니다. 이처럼 그가 남긴 작품들은 후대에 더욱 큰 사랑을 받으며 끊임없이 읽히고, 공연되고, 상연되고 있습니다. 지금 이 책을 끝까지 읽은 여러분에게도 말입니다.

교훈이나 영감, 새로운 자극이 필요할 때, 또는 고전 소설의 아름다움과 셰익스피어의 문장의 힘이 필요할 때 이 책을 다시 펼쳐 보세요. 이 책을 통해 여러분의 마음 한쪽에도 셰익스피어가 자리 잡았기를 바랍니다.

♛ 내 문장 속 셰익스피어

해당 문장은 이 작품의 주제입니다. 영어나 한국어 표현을 보고 자기만의 방식으로 의역하거나 그대로 필사해 보면서 셰익스피어의 명문장을 마음에 새겨 보세요.

sentence 300

As those two mourning eyes become thy face:

O! let it then as well beseem thy heart.

애도하는 두 눈이 그대 얼굴에 어울리듯이:

오! 그 눈이 그대의 마음에도 어울리길 바라오.

셰익스피어의 작품을 읽는 것은 언제나 새로운 감정과 사유를 불러일으킵니다. 그의 글은 단순히 고전 문학을 넘어, 인간 본성과 삶의 복잡한 문제를 탐구하는 깊이 있는 철학적 작품들입니다. 제가 셰익스피어의 작품을 읽으며 느꼈던 가장 큰 감정은 "시간을 초월하는 인간의 이야기"라는 것이었습니다. 수백 년 전 쓰인 이야기들이 여전히 우리의 마음을 사로잡고, 지금도 우리 삶에 깊은 울림을 준다는 사실은 셰익스피어가 가진 힘의 증거입니다.

셰익스피어가 그린 사랑은 언제나 순탄치 않습니다. 《십이야》에서 변장 속에서 피어나는 사랑은 인간 관계의 복잡성을 나타냅니다. 사랑은 때로 오해 속에서 피어나고, 그 속에서 우리는 진정한 자아를 발견하게 됩니다. 이 작품은 사랑이 단순히 감정적인 끌림만이 아니라, 인간이 서로를 이해하고 발견해 가는 여정임을 보여줍니다.

반면 《템페스트》에서는 사랑과 용서가 결합하여 과거의 상처를 치유하는 모습을 보여줍니다. 프로스페로는 복수를 택할 수도 있었지만, 결국 용서를 선택함으로써 사랑의 진정한 의미를 깨닫습니다. 셰익스피어는 그 용서가 얼마나 강력한지, 그리고 그것이 우리를 얼마나 자유롭게 만드는지를 이 작품을 통해 보여주었습니다.

셰익스피어의 작품을 읽으며 느낀 여운 중 또 하나는 그의 언어가 주는 힘입니다. 그는 단순히 이야기를 전달하는 것에 그치지 않고, 그 이야기 속에서 생생한 감정을 언어로 표현하는 대가였습니다. 그의 문장 하나하나는 그 자체로 시적인 아름다움을 가지고 있으며, 때로는 한 줄의 대사가 책 한 권에 담길 만한 깊이를 지닙니다.

셰익스피어의 작품은 단순한 문학 작품 그 이상으로 인간 존재의 모든 면을 탐구하는 일종의 철학적 성찰입니다. 그의 작품을 읽으면 인간이란 존재가 얼마나 복잡하고 다면적인지를 깨닫게 됩니다.

셰익스피어는 우리에게 계속해서 질문을 던집니다. 사랑이란 무엇인가? 복수와 용서의 경계는 어디에 있는가? 인간이란 무엇인가? 그리고 그의 작품을 덮고 나서도 그 질문들은 우리 마음 속에 계속해서 울려 퍼집니다.

셰익스피어의 작품 연대표

작품	작성시기	출판연도
실수들의 희극(The Comedy of Errors)	1589~1594	1623
베로나의 두 신사(The Two Gentlemen of Verona)	1589~1593	1623
존 왕(King John)	1590~1595	1623
헨리 6세, 1부(Henry VI, Part 1)	1590~1592	1623
헨리 6세, 2부(Henry VI, Part 2)	1591	1594
헨리 6세, 3부(Henry VI, Part 3)	1592	1595
비너스와 아도니스(Venus and Adonis)	1593	1593
리처드 3세(Richard III)	1593	1597
말괄량이 길들이기(The Taming of the Shrew)	1593~1594	1623
타이터스 안드로니쿠스(Titus Andronicus)	1593~1594	1594
루크레티아의 강간(The Rape of Lucrece)	1594	1594
로미오와 줄리엣(Romeo and Juliet)	1594	1597
헛된 사랑의 수고(Love's Labours Lost)	1594	1598
소네트(The Sonnets)	1594	1609
리처드 2세(Richard II)	1595	1597
한여름 밤의 꿈(A Midsummer Night's Dream)	1595	1600
베니스의 상인(The Merchant of Venice)	1596	1600
헨리 4세, 1부(Henry IV, Part 1)	1596	1598
헨리 4세, 2부(Henry IV, Part 2)	1597	1600
윈저의 즐거운 아낙네들(The Merry Wives of Windsor)	1597	1602
헛소동(Much Ado About Nothing)	1598	1600
뜻대로 하세요(As You Like It)	1599	1623
율리우스 카이사르(Julius Caesar)	1599	1623

작품	작성시기	출판연도
헨리 5세(Henry V)	1599	1600
햄릿(Hamlet)	1600	1603
트로일러스와 크리세이다(Troilus and Cressida)	1600~1603	1609
십이야(Twelfth Night)	1601	1623
끝이 좋으면 다 좋아(All's Well That Ends Well)	1601~1602	1623
오셀로(Othello)	1602~1603	1622
잘못에는 잘못으로(Measure for Measure)	1603	1623
아테네의 타이몬(Timon of Athens)	1604~1606	1623
리어 왕(King Lear)	1605	1608
맥베스(Macbeth)	1606	1623
페리클레스(Pericles)	1606~1607	1609
안토니와 클레오파트라(Antony and Cleopatra)	1607~1608	1623
코리올라누스(Coriolanus)	1608	1623
심벨린(Cymbeline)	1609	1623
겨울 이야기(The Winter's Tale)	1609	1623
템페스트(The Tempest)	1610	1623
두 귀족 형제(The Two Noble Kinsmen)	1611	1634
카르데니오(Cardenio)	1612	-
헨리 8세(Henry VIII)	1613	1623

셰익스피어, 인간심리 속 문장의 기억

한 권으로 보는 셰익스피어 심리학

초판 1쇄 발행 2024년 12월 1일

엮음 편역 | **박예진**

기획 편집 총괄 | **호혜정**

편집 | **이보슬**

기획 | **김민아 김가영**

디자인 | **정나영**

교정교열 | **김수하 김민정**

마케팅 | **이지영 김경민**

펴낸곳 | **센텐스 (Sentence)**

주소 | **서울시 용산구 원효로 162 세원빌딩 606호**

이메일 | **ritec1@naver.com**

홈페이지 | **http://www.ritec.co.kr**

ISBN | **979-11-86151-74-7 (03190)**

센텐스는 리텍콘텐츠 출판사의 문학·에세이 단행본 브랜드입니다.